大数据下云南普洱茶

市场机制构建与创新

李丽萍 ◎ 著

中国农业出版社
农村读物出版社
北京

图书在版编目（CIP）数据

大数据下云南普洱茶市场机制构建与创新 / 李丽萍
著．—北京：中国农业出版社，2024.1
　ISBN 978 - 7 - 109 - 31159 - 6

　Ⅰ.①大…　Ⅱ.①李…　Ⅲ.①普洱茶－产业发展－研
究－云南　Ⅳ.①F326.12

中国国家版本馆 CIP 数据核字（2023）第 187411 号

大数据下云南普洱茶市场机制构建与创新
DASHUJU XIA YUNNAN PUERCHA SHICHANG JIZHI GOUJIAN YU CHUANGXIN

中国农业出版社出版
地址：北京市朝阳区麦子店街 18 号楼
邮编：100125
责任编辑：黄　曦
版式设计：杨　婧　责任校对：张雯婷
印刷：中农印务有限公司
版次：2024 年 1 月第 1 版
印次：2024 年 1 月北京第 1 次印刷
发行：新华书店北京发行所
开本：880mm×1230mm　1/32
印张：7
字数：190 千字
定价：68.00 元

前言

　　大数据、云计算、人工智能、区块链和物联网等信息技术的发展推动了一场数字化革命。对于传统实体经济，数字化转型蕴含着巨大的商业价值；对于中国名茶之一的普洱茶，这是一次提高自身站位、实现弯道超车的难得机遇。然而，在世界茶产业和饮料市场竞争的双重压力之下，要搭上数字经济这趟快车，普洱茶产业首先要解决自身的顽疾，包括实现科学种植、科学管理、规范化生产并改善营销环境，只有不断积累优势，才能厚积薄发。

　　本书首先对云南普洱茶的产业基本情况以及与市场相关的仓储、安全质量等内容进行研究，分析了普洱茶产业发展存在的问题以及当前的应对策略；其次对大数据下普洱茶产业的市场预警指标体系的构建、普洱茶市场未来产业创新进行分析，并提出对策建议；最后对云南普洱茶城的发展与创新进行研究，包括推行普洱茶的绿色、科学、可持续发展的生产方式以及发展相关产业，并就适应大数据时代的社会发展提出相关发展建议。

　　在撰写本书的过程中，作者参阅了很多研究成果。与其他大宗产品相比，普洱茶属于特色农产品，把大数据与普洱茶结合起来进行研究的还较少，处于研究的初级阶段，因此研究具有一定的困难，还需要以后进步拓展。加之作者水平有限，书中难免会有不足之处，在此恳请广大读者给予批评指正！

作　者

2023 年 6 月

目录

前言

第一章 普洱茶的产业发展概述

普洱茶作为一种特殊的饮品,除了养生的基本功能外,引领大众文化消费、固本文化的属性也在不断增强。与其他茶产区和茶行业相比,由于"十三五"期间云南省政府大力打造千亿级茶产业,对种植、栽培、企业、品牌和市场培育等加大了投入和扶持力度,加上普洱茶具有醇化生香能够保值增值的类金融属性,另外还有消费市场的拓展、普洱茶品牌影响力的提升、数字化技术和互联网新型交易平台等要素的融入,2021—2022年云南普洱茶产业获得相对平稳的发展。普洱茶产业总体上没有出现下滑趋势,古树茶生态系统保护良好,有机生态茶种植面积稳步增长,普洱茶产值保持相对稳定,仓储功能进一步凸显,普洱茶帮助民族地区脱贫致富的作用进一步增强。普洱茶产业作为地方重要的特色产业,在与文化旅游融合发展中,带动了创意设计、印刷包装、休闲度假、茶具茶艺、普洱茶写作和影视、研学等文化旅游业态的发展,实现了茶产业与文化旅游的双向赋能。总体上看,普洱茶产业在生产、加工、市场和品牌方面发展平稳,促进了云南茶产业的可持续发展。

🌿 第一节 云南省普洱茶产业发展现状

近年来,云南省发布并认真贯彻落实《云南省人民政府关于推动云茶产业绿色发展的意见》《云南省茶叶产业三年行动计划(2018—2020)》《云南省茶产业高质量发展三年行动工作方案(2023—2025年)》等政策文件,增面积、抓质量、稳价格、促消费、强品牌,不断促进云茶产业转型升级发展,推动云茶产业再上新台阶,为云茶高质量发展、"十四五"良好开局奠定了坚实的基础。

一、茶叶种植面积稳中有增，原料品质持续提升

自 1949 年以来，云南省茶叶种植面积不断扩大，为云茶发展奠定了坚实的原料基础。"十四五"开局之际，云南省茶产业处于不断发展的状态，全省茶叶种植面积稳步上升。2021 年云南省茶园面积是 1949 年的 46 倍，茶园面积稳中有增，原料品质持续提升。

2022 年，云南省全省茶园面积 749 万亩*，比 2021 年增加 9 万亩。"十三五"以来，云南省茶叶种植面积不断扩大，稳中有增趋势明显。临沧、普洱、西双版纳三大茶区有着较大的茶叶种植面积，为茶产业的发展奠定了原料基础。2023 年，中共云南省委农村工作领导小组办公室、云南省农业农村厅等五部门联合印发《云南省茶叶产业高质量发展三年行动工作方案（2023—2025 年)》（以下简称《行动方案》）。《行动方案》提出，到 2025 年，全省茶叶种植面积、产量分别稳定在 740 万亩、50 万吨左右，新增绿色有机茶园面积 150 万亩，保持有机认证茶园面积、有机认证茶产品数量全国第 1 位，力争全产业链产值实现翻番目标。

由表 1-1、表 1-2 来看，云南省的茶叶种植面积保持着稳定上升的态势，三大主茶区茶叶种植面积占比较高，成为云南省茶产业发展的重要支柱力量。2021 年临沧茶区茶叶种植面积为173.4 万亩，普洱茶区茶叶种植面积为 175.0 万亩，西双版纳茶区茶叶种植面积为 139.4 万亩，三个茶区茶园面积合计 487.8 万亩，占全省茶园总面积的 65.92%，2022 年临沧茶区茶叶种植面积为 209.3 万亩，占全省种植面积的 27.9%；普洱茶区茶叶种植面积为 209.0 万亩，约占全省种植面积的 27.9%；西双版纳茶区茶叶种植面积为 143.1 万亩，占全省种植面积的 19.1%；三个茶区茶园面积合计达 561.4 万亩，占全省茶园面积的

---

*　亩为非法定计量单位，1 亩≈667 平方米。——编者注

75.0%。三大茶区占全省茶园面积的比重保持稳定，无太大波动，成为云南省茶产业发展的中坚力量。

表 1-1 2016—2022 年云南省茶叶种植面积情况

单位：万亩

年份	面积
2016	610.0
2017	619.5
2018	630.2
2019	676.0
2020	719.3
2021	740.0
2022	749.0

资料来源：根据云南省人民政府官方网站、云南省茶叶流通协会相关资料整理。

表 1-2 2021—2022 年云南省及三大主茶区茶叶种植情况

单位：万亩

地区	2021 年茶叶种植面积	2022 年茶叶种植面积
云南省	740.0	749.0
临沧茶区	173.4	209.3
普洱茶区	175.0	209.0
西双版纳茶区	139.4	143.1

资料来源：根据云南省人民政府官方网站相关资料整理。

二、茶叶产量产值再创新高，产业发展态势良好

2021 年云南茶叶总产量达 49.0 万吨，茶叶综合产值 1 071.1 亿元；2022 年茶叶产量及产值再创新高，茶叶总产量 51.5 万吨，2022 年云茶产业全产业链实现综合产值 1 380.0 亿元。从茶叶产量、产值情况来看，近年来云南省茶产业呈稳定增长的趋势，发展态势良好，成为云南经济发展的一大动力。

三、茶叶市场价格逐步攀升，茶叶消费势头强劲

进入"十三五"以来，云南省茶产业发展势头良好，成品茶单价呈稳步上升态势，虽然毛茶单价有一定的波动，但是整体上茶叶消费势头强劲。2021年全省茶叶农业产值209.9亿元，相比2020年同比增长13.3%；加工业产值714.9亿元，同比增长92.3%；批发零售销售环节增加值146.2亿元。加工产值与农业产值比为3.4：1。2021年毛茶平均单价42.9元/千克，同比增长7.4%；成品茶价格平均单价122.8元/千克，同比增长18.0%。"滇红工夫茶"品牌价值35.2亿元，位居云南茶业品牌榜第21位。2021年全省茶叶出口4 747.0吨，出口额11 048.0万美元，同比增长2.7%；前10位的普洱茶电商累计销售额为6.6亿元（天猫行业店铺数据）。

近年来，云南省茶叶市场价格逐步攀升，毛茶价格虽有波动但整体呈上升趋势，通过产业加工，云南茶叶保质增价效果明显，成品茶价格呈逐年上升趋势，茶叶消费势头强劲。天猫数据显示，2021年"双十一"期间，天猫系电商平台成交额5 403.0亿元，云南普洱茶线上销售保持连续三年增长，实现线上成交42.6亿元，同比增长1.7亿元，增幅4.1%。据天猫行业店铺数据显示，2022年排名前10的普洱茶电商（见表1-3），累计销售普洱茶6.6亿元，云南大益茶叶旗舰店再次位居天猫品牌销售额榜首，荣获茶行业销售七连冠，以大益茶叶为代表的云南品牌茶价格逐年上升，茶叶消费势头强劲，茶产业发展态势良好。

表1-3 2021—2022年"双十一"茶叶全类别品牌交易排名

（天猫行业店铺数据）

排名	2021年	2022年
1	大益	大益
2	澜沧古茶	ChaLi

（续）

排名	2021 年	2022 年
3	中茶	馥益堂
4	ChaLi	晒白金
5	馥益堂	八马
6	小茶婆婆	中茶
7	八马	茶颜悦色
8	晒白金	陈升号
9	艺福堂	天福茗茶
10	小罐茶	艺福堂

资料来源：据《2022 年云南省茶产业发展报告》以及相关网页整理。

四、龙头企业带动产业融合，云茶品牌效应明显

"十四五"期间，云南省大力发展茶产业，评选出"十大名茶"（见表 1－4），努力培养龙头企业，提高领军企业的品牌建设水平，助力打造世界一流"绿色食品牌"。

表 1－4　2021—2022 年云南省"十大名茶"企业名单

2021 年		2022 年	
企业名称	品牌名称	企业名称	品牌名称
勐海茶业有限责任公司	"大益"牌普洱茶生肖茶	普洱澜沧古茶股份有限公司	澜沧古茶
昆明七彩云南庆沣祥茶业股份有限公司	"庆沣祥"牌正山古树普洱茶（生茶）	云南中茶茶业有限公司	中茶
云南双江勐库茶叶有限责任公司	"勐库"牌普洱茶——博君熟茶	勐海陈升茶业有限公司	陈升号
普洱澜沧古茶股份有限公司	澜沧古茶	云南双江勐库茶叶有限责任公司	"勐库"普洱茶

（续）

2021 年		2022 年	
企业名称	品牌名称	企业名称	品牌名称
腾冲市高黎贡山生态茶业有限责任公司	"高黎贡山"牌有机普洱茶	腾冲市高黎贡山生态茶业有限责任公司	"高黎贡山"牌有机普洱茶
普洱祖祥高山茶园有限公司	"无量翠环"牌有机绿茶	云南下关沱茶（集团）股份有限公司	"松鹤延年"牌下关沱茶
勐海陈升茶业有限公司	"陈升号"牌霸王青饼	云南六大茶山茶业股份有限公司	"六大茶山"牌普洱茶
云南下关沱茶（集团）股份有限公司	"松鹤延年"牌下关沱茶	云南农垦集团勐海八角亭茶业有限公司	"八角亭"牌宫廷普洱熟茶
云南农垦集团勐海八角亭茶业有限公司	"八角亭"牌宫廷普洱熟茶	云南昌宁红茶业集团有限公司	"稳隆"牌红茶
云南龙生茶业股份有限公司	"龙生"牌普洱茶	普洱祖祥高山茶园有限公司	"祖祥"牌有机茶

资料来源：普洱茶网。

云南省大力培育龙头企业，截至 2021 年，云南省 16 个地州市 129 个县市区，拥有省级以上龙头企业 86 户，其中国家级 9 户、初制所 7 484 个、专业合作社 3 564 个、种植大户 3 260 户、家庭农场 1 020 户。临沧、普洱、西双版纳三大主茶区积极响应云南省号召，大力培育龙头企业，截至 2020 年，临沧市共有国家级龙头企业 4 户、省级龙头企业 19 户、规模以上企业 39 户；普洱市有茶企 978 户、规模以上（简称规上）企业 18 户，获得中国有机茶认证企业 132 家；西双版纳州共有"绿色食品牌"茶产业基地 33 个，其中省级 7 个，龙头企业 22 家、规上茶企 19 家、获 SC 认证企业 551 家。通过龙头企业引领，建立以农民专业合作社、家庭农场和专业大户为基础单元的茶叶生产经营体系，采用"一个公司＋基地＋合作社＋农户"的模式，以建设有机茶园、成立初制精制加工厂、与茶农建立有机生产合作社等方式不断推动茶产业的发展，发挥龙头企业的引领作用。

在龙头企业的引领和推动之下，云南省重点打造了一批"文化＋旅游＋科研＋康养＋特色产业"文旅项目，促进云南茶产业与旅游产业深度融合，同时也为民族地区产业融合贡献云南经验。云南省始终坚持以绿色为发展底色、以茶产业为核心，全力打造世界一流"三张牌"，推出了一批茶主题公园和庄园，培育壮大了庄园经济，积极构建出茶产业、茶经济、茶生态、茶旅游和茶文化互融共进、协调发展的现代茶产业体系，不断推动茶产业与文化旅游业深度融合，拓宽和延伸普洱茶产业链，提升产业附加值，促进茶产业与旅游产业的全方位融合。临沧市凤庆县茶王自然村、云县茂兰镇、沧源县糯良乡等地开始着力促进茶产业与乡村旅游业的融合发展，着力开辟"茶叶＋旅游"新路径，茶旅融合已成为临沧一大新的经济增长点。西双版纳以茶为主题，着力打造沉浸式体验服务，推出红色茶旅线路、研学旅游、茶园体验游等各类旅游产品与服务，着力打造茶旅融合发展新模式。

在集群发展、龙头牵引、绿色生态等机制的指导之下，云南茶产业品牌价值不断提高，品牌效应明显，茶产业取得了新发展。2021年，"普洱茶"品牌价值达73.52亿元，位居"中国茶叶区域公用品牌价值"第2位；"滇红工夫茶"品牌价值35.15亿元，居第21位。临沧境内的冰岛茶和昔归茶入选"世界三大顶级标杆古树普洱茶"，大益、陈升号、八角亭3款产品入选云南省"十大名茶"。老班章、易武、贺开、南糯山等茶山名品，大益、陈升号、雨林古茶坊、七彩云南、八角亭等名企享誉国内外，"区域公用品牌＋企业品牌＋产品品牌"模式效应凸显，品牌价值不断提高。

五、云南省普洱茶产业区域代表

(一)西双版纳

作为世界茶叶发源地之一，西双版纳在长期的种茶、采茶、制茶、品茶、贸茶等过程中已形成产业体系和普洱茶文化习俗，并助力当地经济社会的发展，丰富居民的精神文化生活。近年来，普洱茶产业朝着现代茶产业深入发展，成为西双版纳经济转型、社会发展、文化多样、文旅创新、乡村振兴、生活富足的有力抓手。

1. 普洱茶产业发展现状

普洱茶是西双版纳的特色产业。近年来，西双版纳普洱茶产业呈稳步健康发展的良好态势，在西双版纳的经济社会发展进程中发挥着举足轻重的作用。随着普洱茶生产、加工、包装、销售等产业链条的不断完善，普洱茶品牌逐渐深入人心，国内外市场日益拓宽，"茶文化＋"活动多元丰富、茶旅业态融合加深、富农兴业等经济和社会效益日益凸显，为加强民族团结、铸牢中华民族共同体意识做出了积极贡献。

（1）普洱茶产业整体发展情况。

西双版纳是普洱茶发源地，也是云南省普洱茶产业重地。一直以来，西双版纳致力于打造品牌优质、有机高端的西双版纳普洱茶品牌。目前，普洱茶品牌已经在消费者心中形成影响力，普洱茶产业在促进西双版纳经济社会发展、巩固脱贫攻坚成果、促进乡村振兴中起到举足轻重的作用。

（2）普洱茶种植加工情况。

2016—2022年，西双版纳茶叶总种植面积每年均在100万亩以上，总体呈现上升趋势（见表1-5）。2019—2022年，茶叶种植面积保持稳步增长。

表1-5   2016—2022年西双版纳茶叶种植总面积统计

年份	2016	2017	2018	2019	2020	2021	2022
茶叶种植面积（万亩）	102.96	111.95	131.06	131.05	142.89	139.40	143.14

资料来源：云南西双版纳统计局。

2016—2022年，西双版纳普洱茶茶叶总产量呈现整体上升的趋势（见表1-6）。其中2016—2017年，茶叶产量增长幅度较大，2018 年茶叶产量出现下降的态势，2019—2022 年，普洱茶产量恢复上升，且增长幅度较大。

表 1 - 6　2016—2022 年西双版纳普洱茶茶叶产量统计

年份	2016	2017	2018	2019	2020	2021	2022
茶叶产量（万吨）	4.83	5.42	4.96	5.15	5.57	5.96	6.54

资料来源：云南西双版纳统计局。

2. 毁林乱象得到进一步整治

勐海县，被称为"中国普洱茶第一县"。近年来，随着普洱茶销售价格的不断攀升，普洱茶产业规模的不断扩大，西双版纳部分地区出现毁林种茶的现象，这一现象严重破坏了普洱茶种植的生态环境，林地资源遭到严重破坏。针对不断加剧的负面效应，政府部门介入管理，加大力度整治毁林乱象。

3. 普洱茶产业发展特点

西双版纳普洱茶产业在长期的发展过程中，与当地丰富多彩的少数民族文化和良好的旅游产业基础相融合，呈现独特的产业特色。利用靠近南亚、东南亚的地理位置开拓普洱茶市场，以茶文化为底色开展各类活动，茶旅融合深入发展，带动地方经济，助推乡村振兴等一系列发展亮点是推动西双版纳州普洱茶产业创新发展的有效路径。

（1）主动"走出去"，拓宽普洱茶市场。

随着西双版纳普洱茶产业的不断发展，其品牌影响力和综合效益显著提升，国内外市场不断拓宽，普洱茶日益走向世界。景洪市打造世界普洱茶公园、普洱茶交易中心暨普洱茶博物馆，推动茶文旅、康养深度融合发展，打造大渡岗茶文旅一二三产业融合发展示范基地。勐海县打造集"茶叶生态种植、科学研究、精深加工、营销服务"为一体的核心区，力争把勐海工业园区打造成国内最优、世界一流的普洱茶专业园区。勐腊县充分利用古茶山积淀的厚重茶文化，走精品化、高端化发展路线，打造中国普洱茶顶级产区。2020年5月，西双版纳组织三县（市）人民政府和有关茶企参与2021年中国（广州）国际茶业博览会，举行了西双版纳茶产业发展专场推介会和"红色茶旅"西双版纳路线推介，与广州当地签订"红色茶旅"战略合作协议；60多家参展企业现场销售收入1055.78万元，签订销售和合作协议27项，资金总额3785.60万元。在2020年9月的上海国际茶产业博览会上，西双版纳两种普洱茶荣获金奖，其中一个是月光美人，另外一个是陈皮普洱。借助"茶文化周"向外推广，西双版纳普洱茶朝走出云南、走向全国的方向迈出了坚实的一步。

（2）实现"茶文化＋"，多元活动广泛开展。

西双版纳是普洱茶发源地，是滇藏茶马古道的源头。千百年来，在长期的种茶、品茶、贸茶活动中，积淀了深厚的茶文化内涵，形成了别具一格的民族茶文化特色。西双版纳利用"茶文化＋"的创新形式，深入挖掘并传承普洱茶的历史文化内涵，通过多元形式向社会大众公开普及普洱茶知识，进一步推动了西双版纳茶产业健康发展，提升了普洱茶文化的品牌知名度。

（3）茶旅融合发展，打造发展新模式。

在文化和旅游融合程度日益加深的大背景下，西双版纳形成了"以茶促旅、以旅带茶、茶旅互动"的融合发展格局。以茶为主题，以沉浸式体验为方式，西双版纳推出红色茶旅线路、研学旅游、茶园体验游等各类旅游产品与服务，着力打造茶旅融合发展新模式。近年来，西双版纳积极融入大滇西旅游环线，主动建设红色文化基地、红色茶旅传承点，将各类红色教育基地联合打造成9条红色文旅专线，使得红色茶旅成为西双版纳旅游发展的新亮点。借助勐海县、勐腊县的丰富茶树资源，以茶为中心，将茶区建成旅游景区，将茶树种植流程、茶艺教学发展成体验产品，将茶叶产品开发成旅游纪念产品，打造全方位、全产业链式的深度红色茶旅游。此外，精选南糯山、勐海县云茶源景区、班章、书剑古茶勐海中瑞茶厂4个茶旅目的地，进一步落地相关文旅项目开发工作，通过茶园、茶仓、茶博物馆等阵地传播茶文化，提升知名度，不断延伸普洱茶文旅项目的产业链，促进西双版纳传统优势产业转型升级。茶旅项目的进一步开发达到了茶叶"走出去"、游客"走进来"的良好效果。

4. 普洱茶产业发展趋势

西双版纳是普洱茶的发源地，具有得天独厚的生态优势和良好的产业基础，拥有巨大的发展潜力。在文旅融合深入发展、科技与创意双轮驱动、"大消费时代"的整体背景之下，推动西双版纳普洱茶产业转型升级是实现可持续发展的有效路径。

（1）标准化体系建设助推普洱茶产业高质量发展。

作为优质饮品的普洱茶吸引的消费者越来越多，且在大众消费的基础上形成了中高端市场，在市场需求导向下，对普洱茶的质量要求也越来越高。未来，西双版纳普洱茶将形成世界一流茶产业，树立中国普洱茶的一流标杆。

实现普洱茶产业高质量发展要完善普洱茶标准化体系，形成健全协调、规范统一的质量分级标准化体系，严格把控茶树种植、茶叶采摘、茶品认证、茶叶销售等各个环节的量化标准，促进茶产业转型和质量升级。加快相关政策的完善，加快《茶叶初制所建设管理规范》《普洱茶仓储技术规范》《茶叶加工厂房建设管理技术规程》《森林化生态茶园建设规程》等文件的完善与实施进度。此外，充分利用市场机制下中高端消费者对茶叶产品的个性化需求，将西双版纳浓厚的民族茶文化内涵融入茶产品中，追踪市场发展趋势，进而开展生产、销售、服务等各类标准化工作。理念上，坚持创新发展理念，推进产业深度融合，掌握现代化生产技术和互联网环境下的营销手段，促进"茶农增收＋茶企获益""经济效益＋社会效益"稳步提升的发展模式。

（2）绿色发展理念进一步强化。

在互联网直播带货热潮下，"产业＋主体＋平台"的发展模式将进一步完善，"大消费时代"背景下，消费者对有机高端普洱茶的需求量越来越大，直播带货更增加了普洱茶产品的销售量。紧抓机遇、开拓市场，以绿色有机高端产品为核心，做好产业技术、做强企业品牌，打造普洱茶绿色生产地理标识，加速把资源优势转化为产业优势是贯彻绿色理念的有效路径。

（3）"文旅商一体化"深度融合发展。

文化和旅游深入融合，在"大消费时代"的大背景下，"文化＋旅游＋商业"一体化的发展路径已经成为普洱茶产业高质量发展的新动能。借助西双版纳丰富多元的民族文化和得天独厚的特色旅游资源，依托茶庄园、茶企、茶博物馆等载体讲好普洱茶故事、传播好普洱茶茶文化，进而构建全域旅游空间，拓展消费思路。

（二）临沧市

作为普洱茶中国特色农产品优势区以及中国茶叶之都，临沧市长期以来认真贯彻落实云南省委省政府"三张牌"发展战略，以建设世界闻名的"天下茶尊·红茶之都"为战略发展目标，努力将临沧市打造成中国乃至全球最为重要的茶产业中心。临沧市秉承因地制宜、科学规划的原则，努力促进茶叶产业不断向前发展，认真建设有机茶园、绿色生态基地，加强古茶树资源的保护、开发和利用，加大对经营主体培育的全方位投入，积极申报地理标志保护。近些年来，临沧市茶叶生产规模逐渐扩大，茶叶产量产值持续增加，茶农收益不断提高，品牌茶叶价值进一步提升。从整体上看，临沧市茶产业呈现稳中向好、健康生态的发展态势。

1. 普洱茶产业发展现状

近些年来，临沧市普洱茶产业整体发展态势良好，不断通过重保护、抓机遇、提质量、强品牌等方式强化资源管理，科学开发利用，提升茶叶精深加工水平，推动产业转型升级，通过打造绿色品牌、提升临茶竞争力，使普洱茶产业迅速发展、品质稳步提升。

（1）提质量，提升茶叶精深加工水平，推动产业转型升级。

产品质量安全是茶叶产业得以长久发展的"生命线"，临沧市茶叶产业在"绿色生态"这一发展模式下重视茶叶质量把关。近年来,临沧市对市内茶叶初制厂(所)进行排查以及深度改造,进一步加强从茶叶生产到茶叶加工再到购销渠道等层面的规范。

(2)强品牌,打造绿色品牌,提升临茶竞争力。

品牌是发展的动力。"天下茶尊""天下茶仓""红茶之都"是临沧三大茶叶品牌,在临沧城市品牌整合传播的过程中起着举足轻重的作用。近些年来,临沧使用地理标志证明商标、地理标志产品保护等手段,传播推广凤庆滇红茶、双江古树茶、永德熟茶、耿马蒸酶茶等茶类区域公用品牌,强力打造冰岛、昔归、锦绣等系列小产区古树名山茶品牌。同时挖掘品类品牌,做好中国红、经典58等品类品牌保护,支持企业进行品牌策划传播,使用现代品牌整合传播手段。目前,临沧市已成功打造出5个中国驰名商标、1个滇红茶中华老字号、2个地理标志证明商标,茶业的市场竞争力和社会知名度不断提升。

(3)抓机遇,产业迅速发展,品质稳步提升。

茶产业是临沧市的传统特色优势产业,作为极具发展潜力的高原特色产业,临沧茶产业在国际国内具有一定的影响力和竞争力。

2. 普洱茶与旅游融合发展情况

被誉为"茶资源历史博物馆"的临沧市具有丰富的茶资源和深厚的茶文化底蕴。在文化和旅游融合发展的大背景下,临沧市将茶文化作为旅游业发展的重点,以茶兴旅,以旅促茶,打造茶旅结合生态发展新模式。近些年来,凤庆县茶王自然村、云县茂兰镇、沧源县糯良乡等地开始着力促进茶产业与乡村旅游业融合发展,着力开辟"茶叶+旅游"新路径,茶旅融合已成为临沧一大新的经济增长点。

(1)凤庆县茶王自然村。

茶王自然村所属的锦绣村是茶尊圣地、养生福地和古茶宝地,3 200多年的锦绣茶尊名扬四海,茶叶价格一直呈上升趋势,加之每年都会举行茶王觐拜活动，茶王自然村吸引了大量商家、学者、游客、茶人前来。据不完全统计，每年到访茶王自然村的游客约有 10 万人，具有庞大的旅游市场。基于此，茶王自然村（原香竹箐村）依托锦绣茶尊名片以及独特的古茶资源，打造"茶叶＋旅游"的发展模式，通过茶旅融合促进当地经济效益的提升。随着锦绣茶尊名片影响度的不断提高和茶王自然村知名度不断提升，凤庆县茶王自然村的人居环境不断改善，茶产业以及乡村旅游业不断壮大。目前已有农家客栈 5 家、古茶加工厂 20 余家、餐饮饭店 4 家，茶王自然村乡村经济得到良性发展，为进一步发展乡村旅游打下了良好的基础。

（2）云县茂兰镇。

云县茂兰镇立足自身资源禀赋，利用大片生态茶园，围绕着"彝族风情、茶马文化、宜居安乐"的总体定位，做好茶旅融合的新文章，努力打造茶旅文化新品牌。近些年来，茂兰镇依托域内 40 多公里的茶马古道，挖掘茶马历史文化，打造茶马旅游古镇，促进茶文化与当地乡村及居民深度融合，涌现出了安乐村大地茶庄园、安乐塘茶马古镇等特色项目，进一步传承和发展茶马文化。新建茶旅融合发展旅游道路 19.2 公里，打造了一条集种植、加工、科技、文化、旅游、康养于一体的康养之旅、茶香之旅、民族风情游、旅游线路，推动茶产业与旅游深度融合发展。

（3）沧源县糯良乡。

长期以来，糯良乡利用丰富的茶树资源以及得天独厚的气候条件，大力发展茶产业。近些年来，糯良乡大力建设古树茶园观光栈道、茶叶主题公园等旅游设施。同时，紧密结合科技开发、茶文化展示、茶文化体验等，促进茶旅融合发展。

从整体上看，近些年来临沧市采取扶贫协作机制、动态帮扶工作机制、返贫监测机制、消费扶贫机制、公益扶贫机制、疫情分析应对机制等系列措施助力脱贫攻坚，讲好脱贫攻坚的临沧故事，在中央定点帮扶、沪滇扶贫协作、地方各级结对帮扶的模式下，临沧市实现了"户户清""项项清""账账清"，促进了民族地区高质量跨越式发展。从茶产业方面看，临沧市将茶叶作为民族地区实现增收致富的重要产业，努力挖掘茶叶产业的发展潜力。

3. 普洱茶产业发展特点

（1）大数据下"互联网＋"延伸茶产业链。

2021年，临沧市通过互联网售卖茶叶，促进茶产业相关从业人员增收，同时发挥茶企的作用，努力推进临沧茶产业的高质量、可持续发展。同年，临沧市也举办了"天下茶尊"茶叶节，采用"线上＋线下"的模式，双管齐下延伸临沧茶产业链。就线上模块而言，茶叶节在临沧市各大微信公众号、天下茶尊网以及诸如淘宝、小红书、抖音、拼多多等新媒体平台展出。同时在"双十一""双十二""淘宝年货节"、春节等时间节点举办专场售卖活动。开展直播带货等营销活动，分别在线下茶叶节现场、临沧第一直播间、茶叶企业、古茶山、茶园进行直播活动。"滇红生态茶·凤庆"作为省级新型工业化产业示范基地，成功列入云南省"5G＋工业互联网"重点推广园区（基地）名单。"互联网＋"的出现推动了临沧茶产业链的发展，进一步发展和完善了临沧市普洱茶文化生态体系。

（2）边销茶促进茶文化传播。

近些年来，边销茶成为推动临沧地区茶产业发展的一大动力，边销茶的推出让生活在新疆、西藏等高原偏远地区的少数民族可以喝到临沧茶，感受临沧茶文化。2020年9月，西藏自治区供销社抵达临沧，对域内部分地区低氟边销茶的基本情况进行调研，在座谈调研之后，深入南美乡、天下茶都有机茶园基地等地进行走访和考察。在了解茶叶的基本情况以及运输情况之后，与临翔区天下茶都和永德紫玉茶业有限责任公司分别签署了购销合同，这是临沧茶叶不断走出去的重要标志。临沧市通过在新疆、西藏地区不断打造边销茶品牌，推动临沧市茶叶产业对外发展，为临沧市增收致富开辟了新的途径。自报告期以来，临沧市不断抒写"供销"文章，开辟了茶产业发展新路径，进一步促进了临沧茶文化的对外传播。

（3）专业队伍建设推动茶产业发展。

近些年来，随着消费者购买茶叶的理性程度逐年提升，临沧市茶产业的发展趋于专业及科学化。茶叶产业作为临沧重点发展的产业之一，需要科学的管控机制和专业的人才队伍作为支撑。因此，长期以来，为更好更快促进茶产业高质量发展，临沧市政府成立了茶叶产业发展办公室，建立茶产业专家工作站，成立茶产业发展工作领导小组和茶叶科技服务站（所），积极开展针对茶叶技术人员、茶园管理人员、茶艺师、茶艺服务人员等人群的技术培训。同时，市内茶叶教育体系不断完善，新增了茶学本科教育，茶园工、茶叶加工员、茶艺师、评茶员等茶叶领域职业技能培训不断加强，茶叶行业从业人员的整体素质和业务技能得以不断提高，专业队伍推动了临沧茶产业稳定发展。

4. 普洱茶产业发展趋势

（1）绿色生态，扩大有机茶园规模。

"绿色、有机、生态、环保"等在近些年成为临沧茶产业发展的关键词，是茶产业得以长久发展的"保鲜剂"，同时也是临沧各级政府、域内茶农以及各大茶企达成的共识。长期以来，临沧市大力推行生态茶园建设，通过市政府制定文件和相关规范，大力改善生态环境，大力推行机械除草、黄蓝板、杀虫灯、有机肥、农家肥等绿色生态防控技术，尽最大努力减少化肥和农药的使用。临沧市在未来茶产业发展过程中，将努力实现100%绿色认证、50%有机认证，努力打造5个以上省级绿色食品品牌产业基地。同时将制定一系列茶产业"绿色生态发展"政策，以"绿色、有机、生态、环保"等标准来规范"第一车间"的生产。通过对不达标产品的严格控制、推行"一饼一码"追溯制度、制定并严格实施"绿色生态茶园"相关政策等措施，不断扩大有机茶园的规模，提高临沧茶产业的质量和效益。

（2）品牌引领，提高临茶影响力。

品牌是一个产业得以长久发展的关键因素，也是有效提高国内外市场竞争力的有效法宝。因此，想要进一步拓宽国内外市场、有效提高临茶影响力，就必须树立临沧品牌，以品牌引领产业持久发展。在未来的茶产业发展趋势中，临沧市应加快临沧城市品牌、茶叶区域公用品牌、企业品牌整合传播。临沧作为中国滇红知名品牌创建示范区，确立了"天下茶尊"和"红茶之都"以及"天下茶仓"等茶叶品牌，拥有云南省著名商标38件、云南名牌农产品19个。因此，在未来临沧茶产业发展的过程中，应将品牌效应放在发展的前列。使用地理标志证明商标、地理标志产品保护等手段，强力打造冰岛、昔归、锦绣等古树名山茶品牌，把冰岛、昔归打造成普洱茶顶级名山，把锦绣、白莺山打造成红茶、白茶顶级名山。同时临沧在未来发展中应借力现代时尚元素，吸引更多青年的关注，例如打造茶文化主题公园、打造茶文化舞台剧、建设茶文化主题民宿等，把临沧茶打造成知名品牌，使之成为临茶对外展示窗口和城市新名片，提高临茶的国际国内双重影响力。

（3）集群发展，适应市场发展趋势。

伴随着产业机械化、自动化等的发展，茶叶生产的集群化和标准化成为临沧茶产业发展的关键。截至2022年，临沧市茶企业集群初具规模。临沧市在未来发展中应集商业、物流、加工、仓储等要素于一体，进一步打造功能配套、产业链聚集的茶产业园区。同时，临沧市部分有条件的地区可采用"公司＋基地＋农户"或"公司＋合作社＋基地"等方式促进临沧普洱茶产业的集群发展。另外，可以以延长产业链的方式促进企业的集群发展，如发展"茶＋美食""茶＋民宿""茶＋文化"等业态，打造出一批符合市场发展趋势的茶产品，促进临沧茶产业的发展，进一步挖掘临沧茶产业的经济属性和人文属性。

（4）创意科技，构建茶产业现代体系。

在各产业界限日益模糊的今天，推动茶产业与各产业融合发展，激发业态、工艺、范式创新，鼓励茶文化产业等新业态的革新发展，是解决临沧茶产业一系列问题的行之有效的途径和推进茶产业转型升级的重要法宝。临沧市在未来应当将科技融入茶产业的发展之中，尽快完成临沧茶产业现代体系的建构，在利用与保护茶文化和名茶资源的基础上，将茶文化及其产业与休闲度假、旅游观光、创意设计、艺术创作等业态融合，激发出新业态同时运用线上经济、电商直播等模式，推出"茶文化＋互联网""茶文化＋科技""茶文化＋旅游"等，让茶文化与各产业在融合中焕发新的活力，从而推动茶产业融合优势资源，促进业态融合，推进产品融合，优化资源配置，推进市场融合。

（三）保山市

保山市古茶树资源丰富，茶叶产量和产值逐年上升。近年来呈现采取多种措施，重视保护利用；实施减税降费，减轻行业负担；探索合作机制，助力乡村振兴；创新种植模式，提升经济效益等发展特点。进入高质量发展阶段后，保山市普洱茶产业将朝着持续打造优质品牌，不断提升产业价值；扶持壮大龙头企业，走向标准化规模化；产业链条健全完善，深度融合进程加快；线上线下双向互动，消费渠道逐步拓宽的趋势发展。

1. 普洱茶产业发展现状

茶叶是保山的农业支柱产业，到 2022 年，全市茶叶面积和产量排名为全省第 4 位和第 3 位，其中无公害茶园面积几十万亩，绿色茶园面积、有机茶园面积均达到上万亩。茶叶主产区昌宁县现有的 31.5 万亩茶园中，经认证的绿色食品茶园 0.175 万亩、有机茶园 2.216 万亩、国际雨林联盟认证茶园 2.98 万亩。目前，全市茶叶产业的无公害、绿色、有机茶叶的种植加工绿色低碳含量不断增加，销售搭上数字化快车，茶叶增收致富的路子更加扎实、宽广、稳妥，茶业底气更足，成为了全市绿色发展的样板。由于保山境内自然环境优良，历史上未遭受过第四纪冰川的侵袭，迄今许多地方尚存有不少古植物资源，其中尤以山茶科植物最多、分布最广。

2. 普洱茶产业发展特点

（1）采取多项措施，重视保护利用。

保山市拥有的大量古茶山、古茶树资源是茶文化和茶产业可持续发展的基础。为确保古茶山和古茶树得到有效保护与合理利用，提升其社会价值和经济价值，保山市因地制宜、因时制宜，采取多种措施，加强保护、利用与开发。如保山市昌宁县一方面从资源保护入手，为发展古茶产业奠定基础。2016年，昌宁古茶树群被列为保山市第三批市级文物保护单位，依法受到保护。除政府发挥主体作用外，昌宁县鼓励企业和个人对古茶树实施挂牌和认养保护，积极开展古茶树保护与利用的技术培训。另一方面对古茶树资源进行合理开发，提升古茶影响力。

（2）实施减税降费，减轻行业负担。

保山市通过组合式的减税降费，在稳定茶农信心、恢复茶业产业秩序、减轻茶企负担、增加消费需求、推进服务创新等方面发挥了重要作用，促进了茶产业的转型升级。2020年以来，保山市税务部门为提升茶农自身"造血"能力，充分发挥职能作用，主动深入企业，积极进行税收优惠政策的宣传和辅导，形成了"公司＋基地＋合作社＋茶农"的新模式。通过主动创新服务模式、积极寻求应对方法，保山市税务部门为"专、精、特、新"企业提供了个性化的"一企一策、一企一档"服务，贡献了"税力量"。

3. 普洱茶产业发展趋势

（1）持续打造优质品牌，产业价值不断提升。

品牌是茶产品形象的展示，是企业综合竞争力的重要表现。保山市推动茶产业结构优化调整，促进其转型升级，茶叶品牌建设迎来重要发展机遇。在品牌的助力下，制造将转变为创造，速度将转变为质量，茶产业价值将逐步提升。例如施甸县的尖山村依托600多亩茶园，充分利用野生古茶树资源，塑造古茶树品牌，提升影响力。通过创建茶叶加工坊和茶叶合作社，采用先进的制茶理念与工艺，尖山村塑造了"舌韵尖山""道酬农庄""古茶彝寨"等古树茶品牌。同时加大对外宣传推广力度，采取"线下＋线上"的销售策略，逐渐在广州、昆明占据了一席之地。这些措施推动了尖山村茶叶的生产、加工、销售走向可持续发展之路，促进了茶农增收致富与保护生态环境协调发展。

（2）扶持壮大龙头企业，走向标准化规模化。

龙头企业是某个行业中综合竞争能力较强的企业，能够对其他企业起到引领示范作用，产生较强的号召力和影响力。扶持壮大茶产业中的龙头企业，有利于扩大市场份额、优化资源配置、提高茶产业的抗风险能力，通过标准化的手段实现规模化的目标，从而使茶产业扩量增产、提质增效。

（3）产业链条健全完善，深度融合进程加快。

茶产业链将茶叶生产、加工、存储、物流与销售等环节整合成一个链条，对其中的人员、资金、信息、技术、管理等要素进行统筹协调，增加附加价值。昌宁县将茶文化融入美丽县城建设中，建设茶韵公园，突出茶元素，形成了茶文化休闲体验区，促进了生态效益向经济效益的转变，推动了产业间的有机深度融合。此外，随着保山市文化产业的快速发展，保山普洱茶产业和旅游业、休闲娱乐业、民间文化艺术等逐步融合，形成"你中有我、我中有你"的相互联系的态势。其境内独具特色的民族文化、生态茶园以及古茶林为保山发展普洱茶文化的观光旅游奠定了坚实基础。依托文化旅游平台，借力文化旅游发展，可以开发涵盖"吃""住""行""游""购""娱"等要素的普洱茶文化旅游路线，让游客在"观""闻""采""制""品""购"等各个环节深入感受保山普洱茶文化的魅力，提升保山普洱茶的知名度。

（四）其他产区

普洱茶产业作为云南省政府致力打造的重点特色产业，种植面积广阔。如今，普洱茶产业从西双版纳、普洱、临沧等主产区逐步扩展到红河州、文山州等地，产区范围不断扩大。经过多年的探索与发展，大理、红河、文山等地普洱茶产量持续增长，产值逐步提高，发展稳中向好，形成了不同的发展特点与趋势。

红河州、文山州等地重视普洱茶产业的发展，近年来不断规范生产、种植、流通、销售等环节，加强科学管理，提高普洱茶产业的产量与产值，普洱茶产业稳步发展。在发展过程中提高科技水平，优化政策支持，严格把关产品质量，坚持绿色发展，打造知名品牌，推进茶旅融合发展，充分发挥茶产业在促进地区经济发展、脱贫致富、乡村振兴等方面的价值。同时依托互联网平台，创新发展模式，积极应对新发展。

1. 红河哈尼族彝族自治州（以下简称红河州）**普洱茶产业发展概述**

红河州具备了地形多样、土壤多样、气候多样、物种多样的自然条件，一直以来都是绿色食品的理想生产基地。茶叶作为一种绿色饮品，也早已经成为红河州的"特色产品"。以上得天独厚的区位优势和自然条件为红河州普洱茶产业的发展奠定了坚实基础。

（1）普洱茶产业发展现状。

红河州茶种数量繁多，是发展茶叶种植的天然基地。近年来，红河州坚持走"质量兴州、工业强州"的道路，靠质量来提升红河州茶叶品牌形象，茶叶产业规模不断扩大，产业规范化、标准化、数字化、品牌化水平不断提升。当前，红河州茶叶产业发展呈现良好态势，已成为促进农民增收、拉动地区经济发展的重要产业之一。

（2）普洱茶产业发展特点。

红河州普洱茶得天独厚的生态优势和历史基础带来了红河州普洱茶产业发展的生动的现代实践。红河州普洱茶产业涵盖了从茶树种植到茶叶采摘、加工、包装、出售的所有产业，其发展呈现如下特点：茶树保护与种植规范得到加强；普洱茶相关活动举办频繁；普洱茶产业市场发展模式多元化；普洱茶经济助力农民脱贫增收；积极防疫，借势搭乘"电商"快车道。

① 茶树保护与种植规范得到加强。

一是摸清家底，完成全州古茶树资源调查报告编制。据调查，红河州共有百年以上的古茶树 15 664 株，分布面积 5.3 万亩，共有 12 个种，其中，野生型茶树有姑祖碑老黑茶、圆基茶、皱叶茶、马关茶、厚轴茶、大理茶、秃房茶、紫果茶 8 个种；栽培型茶树有普洱茶、金平苦茶、多脉普洱茶（玛玉茶）3 个种，是云南茶种最多的一个州，其中，金平苦茶、皱叶茶、多脉普洱茶、圆基茶、姑祖碑老黑茶、紫果茶的模式标本均产于红河州。二是进行茶叶种植培训与监管。针对当前红河州普洱茶产业发展存在重数量轻质量、重栽轻管、品种混杂、效益不高等情况，红河州农业农村局组织人员开展了相关的茶叶种植培训活动。另外，红河滇红茶叶有限公司启动茶叶种植及深加工建设项目（一期工程），项目拟建一条年产 490 吨精制茶的生产线，总占地面积 6 745 平方米，总建筑面积约 4 748 平方米。

② 普洱茶相关活动举办频繁。

活动聚集了大量的人和物，是密切连接人和物的一种组织方式。2020 年伊始，红河州召开茶叶协会 2020 年年会，会议全面总结红河州茶叶的发展状况及面临的问题，并对下一步茶叶发展工作作出展望与部署。茶叶协会为红河州普洱茶产业的茶农、茶商、政府等主体搭建了沟通交流平台。另外，2020 年，云南省职业院校技能大赛之"望远山杯"中华茶艺大赛，为来自全省 10 所院校的 27 名选手提供了切磋茶艺的机会。除了举办相关的茶叶交流和比赛活动外，红河州也从实践出发，开办了茶叶栽培培训班。如，为大力挖掘普洱茶文化内涵，开展元阳哈尼古茶树制作技艺非遗展示、展览与展演；融合建水紫陶进行茶叶文化艺术交流。各种相关普洱茶活动的频繁举办，从理论探讨、实践提升两个方面为红河州普洱茶产业的发展铺下了路子。

③ 搭乘"电商"快车道。

借助互联网不受时空限制的优势，踊跃搭乘电子商务快车，开辟普洱茶发展的新空间。线下加工、线上售卖是红河州普洱茶适应互联网时代做出的积极改变与创新发展。为了防疫种茶两不误，绿春县农科部门采取线上线下两种方式，动员农户及时对茶树进行修枝、施肥；对有技术需求的茶叶基地、农户等进行线上技术培训和线下深入茶园进行指导；同时做好农资保障工作，储备有机肥料 4 523 吨。元阳县积极搭上"电商"快车，开通电子商务运营新渠道，2020 年，实现云雾茶成交量 4 876 饼。另外，依托不断发展壮大的绿色食品厂和"一县一业"示范创建，红河州积极创立"绿春四季"等一批小而美的县域电商公共品牌。红河州积极应变，紧抓互联网时代机遇，培育了一批富有地方特点的普洱茶电商品牌。

（3）普洱茶产业发展趋势。

红河州普洱茶产业因地制宜、因时而变的发展模式预示了红河州普洱茶产业未来的发展趋势：一是深入打造普洱茶"产、学、研"一体化服务平台，二是持续推进普洱茶与旅游、文化等产业融合发展，三是积极搭乘互联网"电商"快车，四是以高质量绿色发展助力乡村振兴。

① 深入打造普洱茶"产、学、研"一体化服务平台。

无论是种植技术还是文化内涵，普洱茶都有着极其丰富的研究价值，而院校合作、专家合作是最好的方法。目前，红河州已与中国海洋大学进行深度合作。中国海洋大学针对绿春县富产茶叶的特点，按照该县"一县一叶"3 年行动计划，聚焦绿春县茶产业发展，深入实地开展调研，献计献策。2020 年底，中国海洋大学设立"绿春县茶叶精深加工技术专项"，捐赠专为绿春县定制的生物有机肥等，多措并举、精准发力，共促绿春茶叶产业高质量发展。2020 年 5 月，中国海洋大学组织茶叶技术专家组一行赴绿春县，深入戈奎乡、大黑山镇、三猛乡 3 个乡镇的田间地头开展茶叶产业调研，手把手开展技术指导培训，并深入骑马坝乡玛王村、大兴镇绿鑫等茶厂进行调研，为绿春县茶叶发展现状把脉问诊，开展茶叶技术人员培训，提升相关人员素质和能力。一系列深入的走访调研，催生了中国海洋大学在绿春设立茶叶精深加工技术专项的设想。学校计划在 2～3 年内共注入 160 余万元，通过"龙头企业＋合作社＋农户"的带动效益，利用

2～3年时间选定4～5家示范点,在绿春县推广茶叶种植、采摘、加工技术,并开展茶叶加工试验,扶持茶叶龙头企业5家左右,执行期内生产100吨至200吨富含茶多糖系列饼茶,10～20吨高香白茶,按每千克饼茶或高香白茶200元计,年均产值约为2 200万元至4 400万元。以与中国海洋大学合作为契机,之后,红河州普洱茶以市场为导向,以企业为载体,以院校为支撑,持续加强与院校的合作,建立院校实习基地,为院校提供"产、学、研"服务平台,通过院校挖掘人才,加强红河州普洱茶产业的科技创新研发,做好普洱茶相关研究。

②持续推进普洱茶与旅游、文化等产业融合发展。

当今时代是一个融合发展的时代。以普洱茶带动紫陶、茶旅、茶艺等产业发展,能够实现"1+1>2"的目标。建水紫陶壶是普洱茶的最佳茶具,普洱茶是养在紫陶壶里最久的茶,普洱茶与建水紫陶"亲密接触",对双方都有益处。红河州将紧抓建水紫陶国家级示范园区的建设契机,深入推动普洱茶与建水紫陶的文化融合。位于红河县的石头寨依托丰富的自然资源和特色绿色产业,在产业帮扶上下足功夫,积极打造"茶叶+旅游"发展模式,围绕古树茶产业,打造娱乐休闲古村民宿和茶林生态鸡、生态猪以及生态鳝鱼等脱贫特色产业,盘活农业资源,使乡村产业释放出新的活力。这为红河州其余的茶产业集散地的发展做出了示范。在人民群众不断向往美好生活的当下,精神需求显得极其重要,饮好茶、品好茶成为人们的日常所需。在民族文化旅游热兴起的今天,红河州将抓住当地民族特色,发展民族文化旅游,以普洱茶文化为基点,深入开发茶园观光和采茶、制茶、品茶等产业链条,并在旅游景区中提供体验场所,让游客参与采茶、制茶,在此过程中感知、领悟普洱茶的魅力,提升游客的体验感与获得感。此外,茶叶是送礼的最佳礼品,在旅游中需求量很高,通过研发创新各种茶产品,挖掘普洱茶的文化内涵,使普洱茶充分介入、融入旅游业、文化产业,这是未来红河州普洱茶产业发展的一大趋势。

③ 积极搭乘互联网电商"快车"。

随着科学技术的迅猛发展，电子商务给传统市场带来了冲击，改变了人们的消费模式。随着互联网的快速发展，"云上茶"成为红河州普洱茶产业发展的新业态。目前，红河滇红茶有限公司已与中国农业银行农银 E 管家电商平台、中国扶贫基金会网站、上海长宁区服务网等合作，"滇红茶""依期洛生态茶"等产品上线抖音、拼多多、淘宝等商务平台销售。"电商"的辐射效应打破了时间和空间的限制，快速聚拢了普洱茶企业和普洱茶爱好者，"电商"在红河州普洱茶产业的发展过程中扮演着越来越重要的作用。随着用户增多、普及率提升，抖音等逐渐成为商家的营销平台，大部分茶商、茶企业看中了抖音所蕴含的商机，纷纷注册抖音账号，入驻抖音平台。通过抖音在线直播并附上商品链接，挖掘潜在消费群体，从而拉动普洱茶消费增长，同时，在抖音上发布普洱茶相关视频进行宣传，树立属于自己的茶叶品牌，最终实现品牌变现。随着数字技术的发展，"电商"以其前所未有的速度迅速发展，前景广阔，红河州普洱茶也将顺应时代发展，积极利用互联网电商平台，壮大普洱茶产业。

④ 向高质量绿色发展迈进，助力乡村振兴。

在实现全面建成小康社会的目标之后，乡村振兴成为重要抓手。普洱茶以物的形式凝聚起与之相关的经济链条上的茶农、茶商、茶叶爱好者等主体，其带来的经济效应有利于巩固脱贫攻坚成果并衔接到乡村振兴。首先，普洱茶产业发展的第一步是茶树种植，依托红河州的生态优势，打造绿色、有机的生态环境是其发展之根本，保护茶树的生态环境有助于乡村生态振兴。其次，普洱茶种植、生产、加工、销售等岗位需要大量的人才，人才队伍的壮大有利于发展产业、带动就业，这在一定程度上助力了乡村的产业、人才、组织振兴。最后，红河州是多民族杂居地，各民族在长期的生产生活实践中无疑会与普洱茶产生或多或少的联系，茶叶属于红河州的农特产品，可在其包装外观上融入哈尼族、彝族等民族符号或元素，将普洱茶与民族文化进行有机结合，在美化产品外观的同时提高茶叶的文化附加值，从而助力乡村文化振兴。在乡村振兴战略实施的关键时期，以生态优先、绿色发展为导向的高质量发展路子是红河州普洱茶产业健康可持续发展的有效路径。

2. 文山壮族苗族自治州（以下简称文山州）普洱茶产业发展现状

文山州全州年平均气温最低 15.8 ℃，最高 19.3 ℃，一月为平均最低月，在 8.3～10.9 ℃，七月为平均最高月，在 21.0～25.3 ℃，极端最低温度为－7.8 ℃，极端最高温度为 38.6 ℃。年平均降雨量在 992.2～1 329.4 毫米，平均值为 1 254 毫米。太阳辐射量大，全州平均日照时数在 1 494.2～2 055.5 小时，占可照时数的 34%～47%。全州大部分地区夏无酷暑，冬无严寒，大于或等于 10 ℃ 的有效积温在 4 863.7～6 436.8 ℃，日照时数在 294～306 天。

据统计，2022 年底全州茶业产业现代化茶园面积 44.44 万亩，毛茶产量 8 301.80 吨，综合产值 11.95 亿元；全州栽培型古茶树（园）面积 5.19 万亩，毛茶产量 1 163.00 吨，古树茶毛茶产值 4 106.00 万元。茶叶产业初具规模，茶区群众得到了实惠，增加了收入，助推了茶区群众脱贫致富。广南、富宁、马关、西畴、麻栗坡 5 个县茶叶形成了农业龙头产业。

（1）具体县域。

① 广南县。

广南县是文山州现代茶叶产业发展最早的县，也是全州茶叶产业大县。该县从 20 世纪 50 年代初开始就把茶叶作为产业来发展，全县 18 个乡（镇）均有现代茶叶种植生产，高峰时期茶叶种植面积发展到了近 435 000 亩，加工企业及初制所发展到 1 030 个，最高年产量逾 11 000 吨。截至 2015 年末，茶叶种植保有面积逾 420 000 亩，加工产量逾 11 000 吨，面积、产量均居全州之首，成为云南省茶叶产业重点县之一。创建的"源升""正道"等系列品牌产品销往北京、上海、广州等地。

② 富宁县。

富宁县茶叶生产始于20世纪60年代。该县先后在花甲、里达、木央、田蓬、归朝等乡（镇）建立茶叶生产基地，同时配套建设了相应的初、精加工生产线，高峰时期茶叶种植面积近22 500亩，加工企业及初制所发展到9个，最高年产量达1 060吨。截至2015年末，茶叶保有面积逾21 000亩，加工产量152吨。该县创建的"万道香""富州""鸟王山"品牌产品销往昆明、北京、上海等大中城市。

③ 马关县。

马关县于20世纪60年代开始茶叶生产。数十年来，先后在马白、大栗树、八寨、古林箐、夹寒箐、南捞、都龙等乡（镇）建立茶叶生产基地，同时配套建设了相应的初加工生产线，高峰时期茶叶种植面积发展到了近25 500亩，加工企业及初制所发展到9个，最高年产量逾1 000吨。2015年末，茶叶保有面积逾24 000亩，加工产量784吨。

④ 西畴县。

西畴县于20世纪60年代先后在鸡街、柏林、西洒、蚌谷、新马街、坪寨（现属法斗乡）等乡（镇）建立茶叶生产基地，同时配套建设了相应的初、精加工生产线，高峰时期茶叶种植面积发展到近18 000亩，加工企业及初制所发展到13个，最高年产量达350吨。2015年末，茶叶保有面积逾12 000亩，加工产量280吨。该县创建的"高原谢氏"品牌产品销往昆明、北京等大中城市，且供不应求。

⑤ 麻栗坡县。

麻栗坡县从20世纪60年代起先后在猛硐、杨万、马街、新寨（现属董干镇）、天保（原南温河乡）等乡（镇）建立茶叶生产基地，同时配套建设了相应的初、精加工生产线，高峰时期茶叶种植面积逾22 500亩，加工企业及初制所发展到15个，最高年产量达1 000吨。2015年末，茶叶保有面积逾21 000亩，加工产量512吨。该县创建的"老山""山韵霖""瑶君山""高朋"

等品牌产品在市场中均得到高度好评。

（2）普洱茶产业特点。

① 民族茶俗多姿多彩。

各民族大杂居小聚居，因地域、民族、文化背景和茶文化表现形式不尽相同，形成了各种富有特色的民族茶俗。壮族作为文山州的土著民族，是文山州境内最早利用茶和饮茶的民族。壮族饮茶最初始于富裕大户，一是自饮，二是招待客人，以示好客或留客。主要以喝烤茶为主，宾客（主要是男宾）围坐在火塘边用罐烤茶喝，侬支系（布侬）称为"谨喳"，沙支系（布依）称为"哽沙"，土支系（布壮）称为"吃差"。而文山苗族主要来自湖南、贵州等地，其茶俗主要是喝"泡茶"和"煮茶"。有亲朋好友到访，大家（主要是男宾）便围坐在火塘边用茶缸或茶壶泡煮茶喝，边喝茶，边交流，以示友好，俗称"火笼茶"，但当主人双手递上滚烫的"火笼茶"时，来客需礼让，请主人饮第一杯，以示礼貌；反之则被主人视为不懂礼貌。

② 茶树资源利用困难，缺乏市场竞争力。

对整个文山州茶产业发展现状进行调查后发现，文山州现存的古树资源面积广阔并且数量巨大，但大部分古树茶加工企业位于偏远山区，初级加工和粗加工阶段普遍规模小，多数以初级产品的形式进入市场，发展形式单一，整个区域茶叶产品缺乏市场竞争力。而古树茶分布较为密集的边境地带，曾经是保护山河的雷区，直到2018年11月由排雷部队将茶山清理完成交给当地村民，才有了可以连片发展的古茶园。由政府合力推动，盘活利用文山州边境茶山中被遗落的古茶园，成为带动边民共同致富的新思路。

（3）普洱茶产业发展趋势。

① 优化政策环境，助力产业转型。

为推进云茶产业提质增效和转型升级，全面提升产业化发展水平，实现富民增收，中共云南省委农村工作领导小组办公室等五部门联合印发《云南省茶叶产业高质量发展三年行动工作方案

(2023—2025 年)》，预计到 2025 年，全省茶叶种植面积、产量分别稳定在 740 万亩、50 万吨左右，保持有机认证茶园面积、有机认证茶产品数量全国第 1 位，力争全产业链产值实现翻番目标。在产业发展上，政府已制定一系列支持政策，如用地政策、税收政策、投资支持等。这些都为茶产业发展营造了宽松的政策环境，助力文山茶产业高质量发展和转型升级。

　　② 整合各方资源，创新发展方式。

　　文山州有丰富的茶树种质资源，可以为茶产业发展提供种质支撑。历次茶树调查和本次茶树种质资源普查为未来茶叶产业发展研究建立了三维地理数据信息库，众多的茶树种质资源为茶产业发展提供了丰富的种质基因源。茶树种质资源要倍加珍惜和保护，要正确处理保护与利用的矛盾，在保护的前提下科学合理利用，在利用中加以保护。一是打造古树茶品牌。重点打造古树茶产品——麻栗坡"老山有机古树茶"、马关"古林箐有机古树茶"、西畴"坪寨有机古树茶"等。二是打造茶旅一体化项目。如配合老山爱国主义教育基地建设，建立老山古茶园观光景点，集爱国主义教育与休闲观光于一体。马关古林箐古茶林历史悠久，茶林保护较好，原始森林中有许多珍稀植物值得探秘，还有古林箐瓢厂村的云海奇景，可以建立古林箐茶林旅游景点，让游人在观光的同时增长茶叶知识。

　　在国家和云南省茶叶研究机构支持下，广南县底圩茶树群体良种选育取得了突破性进展，为今后全州地方茶树良种选育奠定技术基础。另外，文山州茶产业已初步形成，具备发展基础。长期以来，经过艰苦努力，文山州初步走出了茶产业发展的路子。全州茶叶面积（含古古树）已发展到 600 000 亩，形成了规模，建立了相应的茶叶产业种植基地。全州已探索出"公司＋基地＋农民茶叶合作社＋市场"的发展模式。2015 年末，茶叶企业（含农民茶叶合作社）发展到了 390 多个。其中茶叶公司（厂）20 多个，农民茶叶合作社 300 多个，加工生产能力达 10 000 吨，最高年加工产量达 14 000 吨，龙头带动格局已经形成，市场已有一定份额，产品销往北京、上海等国内大中城市。

③ 打造品牌效应，提升市场影响力。

文山州茶叶品牌创建应当追溯到 1862 年广南县底圩的"竹筒茶"。底圩人将茶叶和糯米同蒸后将茶叶装入竹筒进行烘烤，制作成"竹筒茶"，这是当时当地最珍贵的礼品，是文山州最早创建的茶叶品牌。关于现代品牌，从 2001 年至今，全州创建并注册了"源升""万道香""者阴山""老山"等 12 个品牌商标。近年来，随着社会各界对文山茶树种质资源价值的认识加深，如文山州积极主动与科研院（所）合作，将会吸引更多的茶界学者、专家的关注和研究，茶树种质资源将会由地方性优势资源上升到世界共同财富的地位，从而成为共同研发的对象，文山茶叶的品位将会逐步提升，知名度会不断提高。

文山州森林覆盖率已达 50%，农业生态环境好，工业欠发达，茶叶生长环境无污染，随着人类环保意识的增强，追求健康理念人群的增加，如果在种植生产、加工生产等环节实行全程安全监管，一定能生产出深受不同消费群体欢迎的文山生态茶、绿色茶、有机茶。

④ 科学保护茶树种质资源。

近年的资源普查发现，文山州茶树种质资源总体呈萎缩态势，种植面积在缩减，存量在减少，古茶树在逐渐消亡。主要是人为因素导致的，一是出售古茶树，茶树被整株挖走，且乱砍滥伐，把古茶树当作普通杂木砍伐，更新种植杉木或其他植物。二是过度采摘，只顾眼前利益，狂采狠摘，茶树得不到休养，失去生机。三是毁灭性采摘，"杀鸡取卵"，将茶树砍倒采摘。基于全州茶树种质资源存在的问题，若不加以保护，古茶树将丧失殆尽，茶树种质资源保护已刻不容缓。为此，应当采取一系列保护措施。一是立法保护，文山州处在茶树的起源中心，是云南省也是全国、全世界茶树种质资源的重要组成部分，从某种意义上说，保护文山州茶树种质资源，就是保护世界茶树种质资源。因此，唯有立法保护才是最有效的保护。二是建立相应的研发团队,对全州茶树种质资源的保护与利用进行攻关研究,为资源的保护与利用提供决策依据。三是组织申遗。文山州茶树种质资源处在茶树起源中心的重要地带上,是世界茶树种质资源的重要组成部分,具有特殊性和不可替代性,因此,应该积极组织申遗,争取将具有代表性的古茶林(园)纳入世界文化遗产保护名录,同时也提高文山州茶树种质资源的知名度。

第二节 普洱茶产业发展特点

近年来,普洱茶产业发展迅速,从茶树种植到茶叶采摘、加工、包装、销售等与之相关的环节,形成了一条完整的产业链,在助力乡村振兴、改进传统经营模式、推动产业融合、提升产业价值、把握长尾需求等方面发挥了重要作用。

一、以茶兴业 以茶富农——助力乡村振兴

作为一种劳动密集型产业,普洱茶产业有利于带动山区的经济发展。云南省茶产业共有茶农 600 余万人,"十三五"期间,茶农来自茶产业人均收入年均增长率达 9.2%。2021 年,茶农来自茶产业人均收入达 4 708 元,同比增长 16.2%,茶产业对乡村振兴作用初显。例如,西双版纳州利用优越的生态条件和丰富的茶树资源,开辟产业化路径,促进贫困地区茶农脱贫致富。

西双版纳州通过改良生产技术、开发茶园游等各类旅游产品和项目,吸纳了大量劳动力,带动了当地就业、促进了社会繁荣发展,让村民闯出了一条"自我造血"的致富路。保山市隆阳区板桥镇西河村则积极探索合作机制,与古道春茶叶有限公司建立合作关系,形成"1+2"模式,即"一次收购+二次分红"。红河州探索出"公司+农户+科研院所+跨界合作企业+政府""党支部+基地+协会(合作社)+农户""市场+公司+基地+产业合作社+农户"等模式,吸引多元化的社会力量,助力乡村振兴。

普洱市开展"非遗"进校园、直播带货、会展等活动来保护与传承普洱贡茶的传统制作技艺,利用"非遗"保护助力乡村振兴。

二、技术赋能 创新驱动——改进传统经营模式

科技是普洱茶产业发展的永恒动力,是普洱茶产业不断发挥其优势地位的关键。科技创新作为推动生产发展的重要动力,对产品生产、品牌营销、三产融合等起到重要的支撑作用。我国普洱茶产业充分利用科技力量,助力茶企、茶农应对市场新变化。一方面,将技术应用于茶叶生产管理,提升质量和产量。如德宏州对绿色普洱茶园管理的集成技术研究与示范应用进行宣传,利用茶园的改造、中耕、施肥、覆盖、病虫害防治等综合配套技术,将低效老茶园通过改土、改树、改园等方式进行改造更新。文山州推进绿色标准化生产发展模式,改善制茶工艺,实现茶叶的精细、深加工。另一方面,运用互联网等数字化方式赋能普洱茶产业。如 2020 年 6 月,普洱市第一个场景式普洱茶品质区块链追溯平台与"一部手机办事通"等多个云平台共享数据,形成了一个包括生产、流通、消费等所有环节的信息管理闭环。临沧市开展直播带货等活动,分别在线下茶叶节现场、临沧第一直播间、茶叶企业、古茶山、茶园进行直播营销。红河州绿春县搭乘"电商"快车,打响电商公共品牌。

三、延伸链条探索模式——推动产业融合

近年来,云南省始终坚持以绿色发展为主要基调,以茶产业为重点发展核心,全力推动茶产业的融合发展。推出了一批茶主题公园和庄园,扩大了庄园经济,构建出茶产业、茶经济、茶生态、茶旅游和茶文化互融共进、协调发展的现代茶产业体系,不断推动茶产业与文化旅游业深度融合,拓宽和延伸普洱茶产业链,提升产业附加值。普洱市镇沅县和景东县在有机认证茶园的

推动下，分别依托"千家寨爷号"普洱茶公共区域品牌和"无量山普洱茶"公共区域品牌打造"生态＋旅游＋健康＋普洱茶"的茶产业链，探索茶园休闲观光等旅游形式。大理州搭建集展示、购物、食宿、体验、娱乐、茶艺学习、茶农培训站等功能于一体的综合服务平台，提升普洱茶产业"附加值"。此外，创新模式有利于提升普洱茶产业的综合效益。保山市昌宁县采用了"栏木＋茶叶""核桃＋茶叶"等种植模式，提升了茶叶品质，提高了茶叶产量，也解决了退耕农户短期的经济收益问题。临沧市凤庆县茶王自然村、云县茂兰镇、沧源县糯良乡等地开始着力促进茶产业与乡村旅游业高度融合发展，着力开辟"茶叶＋旅游"新路径，茶旅融合已成为临沧一大新的经济增长点。西双版纳州以茶为主题，采取沉浸式体验方式，主动打造红色茶旅线路、研学旅游、茶园体验游等各类旅游产品与服务，着力创新茶旅融合发展模式，逐渐形成"以茶促旅、以旅带茶、茶旅互动"的融合发展格局。

四、打造品牌拓展市场——提升产业价值

普洱茶行业品牌整体的数量与质量有了大幅提高，主要是各地通过积极开展品牌培育和宣传工作，培育出了一批具有较强影响力、竞争力的全国知名品牌以及地方特色品牌，并且通过举办论坛、会展等活动，向外拓展市场，提高了影响力和产业价值。如普洱市按照"联盟品牌＋区域品牌＋企业品牌"的模式，积极打造茶生态、茶旅游、茶文化相融合的特色小镇项目"普洱茶小镇"。

2021年，西双版纳州与大湾区相关代表就普洱茶产业发展进行对话，对话涉及产业深度融合发展、区域公共品牌的打造、茶旅融合模式的创新、普洱茶产业高质量发展的路径、助力巩固脱贫攻坚成果等全方位内容。红河州先后举办茶叶协会2020年年会、2020年云南省职业院校技能大赛之"望远山杯"中华茶艺大赛、茶叶栽培培训班等。品牌的打造以及市场的拓展，大大提高了普洱茶产业的知名度、美誉度，营造了全民学茶爱茶的浓厚氛

围，有效促进了普洱茶文化的传播，提升了普洱茶产业的价值。

五、重视精品细分市场——把握长尾需求

当前，普洱茶行业充分利用资源优势，加强对原料的品质把控，不断提升产业深加工能力，提高茶叶品质，加快推动普洱茶向精品迈进。2021 年 8 月，云南省档案馆召开品牌普洱茶产品建档入选鉴定会。茶叶专家们结合企业规模、产品销售额、产品品质、品牌知名度、产值、产品收藏及研究价值、产品包装标识、申报材料等因素进行综合考量，从 85 家茶企申报的 244 种茶产品中，选出 202 种入选品牌普洱茶建档产品，充分凸显了云南省对普洱茶精品的重视。此外，普洱茶行业开始深耕细分市场，满足消费者的多元化需求。随着老班章、冰岛、昔归、易武、景迈、邦崴等知名山头茶的兴起，分众化市场逐渐形成。由于普洱茶适合各类人群，茶企逐步将普洱茶消费者的性格、年龄、消费能力、喜好等作为细分市场的依据。为进一步提升普洱山头茶的品牌知名度及春茶市场竞争力，2021 年 4 月，第五届"昆明春茶周"发布会发布了云南五大茶区（普洱市、西双版纳州、临沧市、德宏州、保山市）的 76 座著名山头的鲜叶和成品采购参考价，供采购商、经销商参考。

🔥 第三节　普洱茶产业发展态势

2021 年及 2022 年是普洱茶产业发展的两个重要年份，一是市场在促进普洱茶产业资源配置、产业发展中的作用进一步凸显，普洱茶消费市场由南到北的消费空间得以拓展；二是普洱茶产业作为地方特色农业产业进一步得到政府的支持，产业发展环境向好，普洱茶种植面积稳步增长、绿色有机种植面积不断扩大，产品类型、质量有所提升，企业效益、茶农收入稳步提升。受疫情影响，采供销、消费和体验受到一定影响，但这在一定程

度上有利于普洱茶高端品牌，尤其是各大名山品牌茶鲜叶、品牌茶价格回归理性。对比 2019 年普洱茶的生产、仓储、销售和消费相关产业链，客观分析 2022 年茶叶采摘、销售和市场整体状况，2023 年中国普洱茶的整体发展呈现四个比较明显的态势。

一、普洱茶类金融特征不断凸显，产业发展态势趋于平衡

普洱茶，有"醇化生香，保值增值"的类金融属性，每年的普洱茶有一定比例会进入仓储，加之地方政府对茶农、茶企有相关扶持，2018 年以来各地培育茶叶初制所、支持网络营销等，普洱茶相对其他茶，在种植、生产、销售方面总体情况较好，除在消费末端大中小城市的茶馆等受到较大冲击外，普洱茶种植面积、产量、仓储与 2019 年相比，没有更多的下滑。随着地方政府大力扶持，茶旅融合、茶庄园经济的发展，普洱茶采摘体验、消费终端复苏。

二、"普洱茶＋"发展模式日渐成熟，产业竞争力不断提升

随着"95 后""00 后"消费群体的崛起，茶饮消费走向多元化，"果茶＋普洱茶"的新型、时尚茶饮产品也拓展了新生代茶饮消费市场，"普洱茶＋"的云南茶产业发展趋势更加明显。目前红茶、抹茶、咖啡、新型茶饮产品消费多元化、年轻化和时尚化，中国茶饮消费迭代更新，消费品味不确定，未来 3~5 年，普洱茶产业的竞争将更加激烈，面对不确定的消费市场和后疫情时代国内外茶产业市场的激烈竞争，一批普洱茶龙头企业、普洱茶传统品牌已有强烈的危机意识，将会在普洱茶产品的创新、产品质量、企业品牌上加大投入，加强营销宣传，进一步拓展市场、培育品牌，提升普洱茶的竞争力。

三、普洱茶"电商"平台快速发展，线上线下新模式成效显著

在地方政府的扶持下，依托政府的网络交易平台、各种电商平台，普洱茶线上销售得到迅速发展，在一定程度上消解了普洱茶市场交易的下滑。中国普洱茶交易网，成为普洱茶企业进行产品推广、批发分销和大宗采购的电子交易平台，服务于众多中小企业和茶农。云南国际茶叶交易中心和云南茶叶评价检测溯源中心成立以来，运用先进的数字化技术，创新茶品交易模式，与300多家茶农合作社建立合作关系，有400多家茶企在平台销售产品，有10多万消费者在平台购买普洱茶，为云茶产业搭建起质量保荐和"产、供、销"一条龙的全产业链综合交易平台。大益、陈升号等龙头企业充分利用京东、阿里等电商平台，抓住网络销售的重要节点营销产品。中小企业利用直播带货，利用抖音等销售平台、渠道营销产品。2023年后线上销售一直保持旺盛的发展势头，"线下实体＋线上销售"成为普洱茶营销的新模式，促进普洱茶健康发展。

四、特色文化产业赋能普洱茶发展，产业附加值持续提升

普洱茶消费经过市场的几轮冲击和洗礼，逐渐向理性发展，消费市场不断拓展，在地域性消费方面，以广东、香港地区为主的南方消费市场向北方市场拓展，尤其是中产阶层消费崛起，伴随文化旅游融合、体验经济的兴起，普洱茶产业对地方经济、社会、文化发展的带动性作用将更加凸显，普洱茶与地方文化产业的双向赋能将进一步带动创意设计、包装印刷、茶具茶器、写作和休闲娱乐业的发展。在云南金木土石布特色文化产业种类中，茶带动了包括建水紫陶、新华村银器、建川木雕和根雕、茶床等

特色民族民间产业的发展。建水紫陶文化产业园区是第一批国家级文化产业示范园区，其主要的几大类产品中，产品种类最多、产值最大的是以茶器为主的产品。文旅融合，促进了茶山、乡村文化旅游业的发展，随着临沧、普洱、德宏高铁的开通，全省高速公路网的形成，"一片树叶"将带动乡村文化旅游发展，促进民族地区乡村致富。普洱茶的多元文化属性和对地区经济、社会、文化、生态的带动作用，也将进一步促进包括普洱茶在内的学术研究、内容生产的发展，包括普洱茶科普知识、影视视频的创作生产。普洱茶作为特殊的茶文化产品，与文化创意的双向赋能作用也将进一步提升普洱茶产业的文化附加值和市场竞争力。

第四节 普洱茶产业发展对策

普洱茶的主要产地在澜沧江中下游民族地区，"十三五"期间，地方政府整合各种力量，攻坚克难，打赢脱贫致富的攻坚战。云南普洱茶主要产区通过一片树叶带动一个村脱贫致富、引领一片山村经济发展，普洱茶产业在脱贫致富、地方经济社会文化发展中的功能作用明显。"十四五"期间，应主动融入国家重大发展战略，对接乡村振兴、生态产品价值转化、城乡一体化发展、地方产业结构调整等重要工程，更好地利用好云南普洱茶绿色有机的生态资源，实现生态产品的价值转化，推动普洱茶产业的健康、可持续发展。

一、促进普洱茶产业与地方经济社会协调发展，构建普洱茶产业发展生态体系

"十四五"期间，促进区域均衡发展，实现经济的健康、可持续发展，将是地方政治、经济、社会、文化、生态五位一体协调发展的首要任务。普洱茶作为云南重要的高原特色农业、特色经济，对地方经济、文化、生态发展，尤其是对促进乡村产业振兴、

提供大量就业岗位，以及民族地区致富、民族地区团结进步示范区建设有重大的作用。目前以普洱茶为主的茶产业，在顶层设计、政策体系、管理体制机制等方面，与东部浙江、福建等地区相比，还有很多需要改进、完善的地方。需要根据普洱茶在种植、生产、销售、消费端存在的问题，出台相关政策措施，拓展普洱茶消费市场，提升普洱茶的质量和品牌影响力，推动对千亿茶产业的政策保障，尤其要将中小企业扶持、金融支撑、市场拓展、平台服务、产品研发创新、资源普查保护、统计等相关保障体系落到实处，为普洱茶产业的健康、可持续发展营造良好的环境。

二、强化普洱茶产业"实体＋网络"融合发展模式，拓展国内外普洱茶消费市场

高原特色农业和文化旅游融合发展是云南促进地方文化经济发展的重大举措，也是地方完善经济发展方式，促进文化旅游融合发展、转型升级的重要途径。"十四五"期间，国家出台一系列旨在推动文化旅游消费市场发展、扩大内需、活跃城乡文化消费市场的相关政策和推出引领性的工程。包括培育文化旅游与消费试点城市、文化旅游与消费示范城市、夜间文化旅游街区等相关工程。

地方政府也依托文化旅游综合服务采取引领地方文化旅游消费的相关措施，但相比四川、上海、贵州等省市，云南推动普洱茶、咖啡、鲜切花和云南高原果蔬与文化旅游融合，带动普洱茶和相关高原特色农业发展的系列政策举措还不够具体，各级政府帮扶、支持和鼓励企业拓展普洱茶消费市场尤其是北方消费市场的力度和政策举措也还不够。充分挖掘普洱茶绿色、健康元素和普洱茶背后的历史文化、生态文化、地方文化和民族文化的附加值，借助对外文化交流、"一带一路"、景迈山世界文化遗产申报等文化符号体系，加强对重点地区、消费群体，尤其是北方市场的宣传营销，是"十四五"期间各级政府和企业推动普洱茶产业发展的重要路径。

互联网的发展强化了茶产业"实体＋网络"融合发展模式，"互联网＋茶叶"是一种完全可行的模式。以线下为基础、互联网为渠道，通过小程序搭建网上商城，通过公众号进行推广，通过社群进行精准营销，最终实现"互联网化营销"。

三、完善普洱茶资源保护的相关法律法规体系，夯实产业可持续发展资源基础

古茶树是云南普洱茶产业可持续发展，普洱茶中高端产品、普洱茶品牌绿色发展的重要资本。云南省拥有中国 95％以上的古茶树资源。澜沧江流域特殊的地理环境、传统民族村落和古茶树良好的文化生态是普洱茶可持续发展的基础，也是云南发展文化旅游、康养产业、绿色产业的重要资源。云南主要的茶区处于澜沧江流域，古茶树资源非常丰富。各民族人民重要的经济来源就是茶叶。随着近年来山头茶、古树茶受到中高端消费市场的青睐，传统六大茶山及班章、冰岛、昔归、南糯山、景迈山等古茶树连片富集区都面临掠夺式采摘、游客云集、过度商业化、过度旅游开发等问题。这些以古茶树为代表的珍稀树种的生态系统一旦毁损就不可再生。在西南林业大学、云南农业大学、中国科学院昆明植物研究所等研究机构和民间茶叶协会开展的资源普查、制定国家标准的基础上，尽快出台古树茶国家标准和古茶树系列保护措施是普洱茶健康、可持续发展的重要工作。

四、构建普洱茶产品质量控制和生产标准体系，保证普洱茶产业健康、可持续发展

普洱茶的种植、生产和销售小规模的产业发展模式，不同地区古树茶和茶叶原料质地存在差异，在一定程度上导致普洱茶从种植、采摘到产品加工生产端标准混乱，质量有高有低。参照国家饮食卫生、健康的相关标准和地方品牌标准，加强对普洱茶产

品质量和生产环节的标准化建设，发挥龙头企业的引领作用，带动中小微企业在种植、生产、仓储环节严格遵守国家食品相关卫生标准、质量标准，强化市场监管，引导中小微企业和茶农遵守国家和地方法规，合法进行交易和销售，确保普洱茶产业健康、可持续发展。

五、强化普洱茶与相关产业双向赋能效应，构建"茶文旅融合"发展新格局

普洱茶与地方文化创意产业、文化旅游产业的双向赋能作用日渐凸显。普洱茶产业呈现产品精加工、品牌营销和体验性消费的发展趋势。该趋势也带动了普洱茶产品的创意设计、印刷包装、广告等文化创意产业相关业态的发展，从国际顶尖的创意设计、广告公司，如爱马仕，到诸如合兴包装、裕同包装、利乐包装、美盈森等品牌企业都参与了普洱茶产品的包装设计，促进了创意设计、包装印刷、广告等产业的发展。地方政府在促进文化旅游融合、乡村振兴过程中，积极培育以普洱茶种植、加工生产地为依托的集采摘、加工、茶文化、民族文化、研学于一体的产业的发展，带动了地方文化旅游的发展，普洱茶同时也带动了文博服务、休闲度假、茶具茶艺、影视和休闲娱乐业的发展，西部地区特色产业与文化创意产业双向赋能的发展模式应引起政府的重视，对此要进行必要的总结，出台相关鼓励和扶持政策，营造更好的发展环境，促进普洱茶产业的可持续发展。

普洱茶在经历了起步、快速发展、市场炒作、产业下滑之后，再次被消费市场认可，产业发展空间不断拓展，在2016年后步入快速发展阶段。普洱茶若想实现健康、可持续发展，需敢于面对变化、拥抱市场、不断创新。

第二章 普洱茶的加工与贮藏

第一节 普洱茶加工技术与工艺创新

　　精湛的加工工艺是保证普洱茶优良品质的条件之一,也是普洱茶产品形成的关键。本节内容主要包括普洱茶原料加工、普洱茶(生茶)加工、普洱茶(熟茶)加工、普洱茶工艺创新四方面内容。其中,普洱茶原料加工是将茶树上采摘下来的鲜叶,按照普洱茶初制工序,制成普洱茶毛茶原料或是半成品茶的过程,是形成普洱茶品质的首要环节。普洱茶(生茶)加工是将选配好的晒青蒸压成紧压茶,其中蒸压是关键工序,此过程中湿热起到了除杂纯化增香的作用,部分多酚物质氧化使得滋味醇化,进而改变普洱茶原料属性。普洱茶(熟茶)的加工是在特定的条件下经微生物作用,使普洱茶原料中的有益物质在一定时间内转化重组富集的过程,其不同的加工工序均对普洱茶品质特征的形成具有决定性的作用。

一、普洱茶原料加工

(一)产地分布

　　《地理标志产品普洱茶》(GB/T 22111—2008)对普洱茶原产地作了详细的界定:云南省普洱市、西双版纳州、临沧市、昆明市、大理州、保山市、德宏州、楚雄州、红河州、玉溪市和文山州等 11 个州(市)、75 个县(市、区)、639 个乡(镇、街道办事处)现辖行政区域。云南地区适宜云南大叶种种植及普洱茶加工的地域范围为:北纬 21°10′—26°22′,东经 97°31′—105°30′。

（二）适制品种

我国是世界茶树原产地的核心国家，拥有着世界上最宝贵的茶树种质资源。云南大叶种是世界茶树优良品种，是生产普洱茶的最佳品种。我国茶树种质资源丰富，目前我国已审定（登记）并在推广的茶树品种有三十三个，包含了有性系国家级良种（勐库大叶茶、勐海大叶茶、凤庆大叶茶）、无性系国家良种（云抗10号、云抗14号）、二十八个国家级良种（云抗43号、长叶白毫、云抗27号、云抗37号、云选九号、73-8号、73-11号、76-38号、佛香1号、佛香2号、佛香3号、云瑰、云梅、矮丰等）。研究表明，茶树中含基质茶多酚、氨基酸等重要化合物含量越高，越有利于优质普洱茶产品的形成，且以芽体肥壮多茸毛者为上品。

（三）鲜叶分级验收和管理

茶鲜叶是制茶的原料，是形成毛茶的基础。鲜叶的质量直接影响普洱茶的质量。加工普洱茶原料首先要做好鲜叶的分级验收和管理工作。制作普洱茶的鲜叶要求采自符合普洱茶产地环境条件的花园的云南大叶种茶的新梢，应保持芽叶完整、新鲜、匀净，无污染且无其他非茶类夹杂物。

1. 茶鲜叶的分级验收

茶鲜叶从茶园采摘后运输到茶叶初制所的过程中，要用通风的箩筐装鲜叶，严禁使用编织袋、塑料袋等。鲜叶运抵茶叶初制所后要及时验收，分级摊凉。验收时，用手抓取每箩筐鲜叶的上、中、下层进行扦样，或将鲜叶倒到收鲜台上扦样，所扦的鲜叶要有代表性。把所扦的鲜叶进行混合，按照对角线取样进行鲜叶的质量分析。

茶鲜叶的质量分析包括芽叶组成、嫩度、匀度、净度和新鲜度。通过看、嗅、触摸等方法鉴定鲜叶的等级。鲜叶级别鉴定的内容主要包括：芽头的多少；鲜叶芽梢的长度；叶色的深浅；叶质的柔软程度；第一、第二叶的开展程度；对夹叶和单片叶的数量；鲜叶机械损失、夹杂物；鲜叶有没有红变，有没有劣变味和异味。根据鲜叶外部的含水量（雨水、露水）酌情扣除一定比例的水分。鲜叶在采摘和运输过程中，由于高温和挤压会出现鲜叶红变，如有红变应全部清除。然后对照鲜叶分级指标（见表2－1）定级验收，验收后的鲜叶按照级别及时摊放，分级付制。

表2－1 鲜叶分级指标

级别	芽叶比例
特级	一芽一叶占70%以上，一芽二叶占30%以下
一级	一芽二叶占70%以上，同等嫩度其他芽叶占30%以下
二级	一芽二、三叶占60%以上，同等嫩度其他芽叶占40%以下
三级	一芽二、三叶占50%以上，同等嫩度其他芽叶占50%以下
四级	一芽三、四叶占70%以上，同等嫩度其他芽叶占30%以下
五级	一芽三、四叶占50%以上，同等嫩度其他芽叶占50%以下

2. 茶鲜叶的管理

茶鲜叶从茶树上采摘下来后仍然在进行呼吸作用。在呼吸过程中，糖类进行分解，释放出二氧化碳和热量，如果鲜叶堆积过厚，热量难以扩散，就会使鲜叶的温度上升，导致鲜叶中多酚类物质氧化缩合，使鲜叶发生红变，茶叶中的水浸出物、多酚类物质减少，叶底花杂。随着呼吸作用的进行，不断积聚二氧化碳，鲜叶的有氧呼吸向无氧呼吸转换，糖类在无氧呼吸作用下分解生成醇类，产生酒精气味和酸味，导致鲜叶劣变，并且鲜叶有损伤部分更容易发生红变。对鲜叶进行管理，目的就是保证鲜叶完好无损，避免鲜叶发生红变。

鲜叶进场验收后，按照不同级别及时摊凉在鲜叶摊凉台上，或是鲜叶摊凉架上。按照"清洁化"和生产许可要求，初制所要建立清洁化、离地的鲜叶摊凉场所。根据初制所的情况建立鲜叶贮青车间，设立摊凉台，也可以采用摊凉架。贮青车间要通风、没有污染源，摊凉台一般高 0.80～1.20 米，宽 1.50～1.80 米，长度根据车间情况决定，摊凉台中间用竹篾或是不锈钢筛网，保证透气和没有污染。摊凉架由晒架和簸箕组成，底部安装了滑轮，可以移动。在摊凉台上倒出的鲜叶，要及时散开，摊凉的厚度一般在 10～15 厘米，在散开的过程中，要做到抖散、抖开、抖匀。摊凉的茶叶每 1～2 小时，要翻动鲜叶，翻动时要轻、要匀。在鲜叶的摊凉过程中，要适时查看鲜叶是否发热和红变。鲜叶适当摊凉后，分级付制。

（四）普洱茶原料加工工艺

普洱茶原料加工依照晒青茶加工工艺流程进行。

工艺流程：摊放→杀青→揉捻→解块→晒干→包装。

1. 摊放

摊放也称"摊青"。鲜叶采摘后，通过呼吸作用维持新陈代谢。但呼吸过程中会产生大量热量，降低鲜叶的鲜活度。摊青的主要目的一是降低鲜叶温度，恢复鲜叶活力，避免红变现象的发生；另一方面则是适度散失水分，以便于后续流程的进行。目前采取的摊放措施主要是鲜叶置于摊青台，或者薄摊于筛网上。

2. 杀青

普洱茶原料加工中的关键工序就是杀青，简单来说就是利用高温破坏鲜叶中的酶活性，促使内含物转化和水分含量变化的工艺过程。

（1）锅温。

杀青只有达到一定的锅温才能破坏酶活性、蒸发水分、产生香气。生产实践证明，杀青锅温过低，鲜叶下锅时听不到锅内有茶叶爆声，必然会出现红梗红叶，导致茶叶品质下降。杀青叶产生红变的原因，就是杀青时青叶受热不足，叶温上升缓慢，不能在短时间内使酶蛋白变性凝固，相反还会激化酶的活性，致使无色的茶多酚发生酶促氧化，迅速变成红色的氧化物。茶叶中酶的活性开始是随温度的升高而增强，温度达到 40～45 ℃时，酶的活性最强，如温度继续升高，酶的活性就开始钝化，当叶温升到80℃，酶的活性便遭到破坏且酶蛋白几乎全部变性。因此，在杀青前期若能使叶温迅速升到80℃以上，便能有效地防止产生红梗红叶。

杀青温度过高对茶叶品质也不利，会使茶叶产生焦斑、爆点，尤其是嫩芽尖和叶缘烧焦，这是产生烟焦茶的主要原因之一。由实验得出，若要避免产生红梗红叶，锅温应不低于220℃；若要避免产生烟焦气，锅温应不高于270℃。为达到既无红梗红叶，又无烟焦气的杀青标准，最佳的锅温应是220～260℃，此时叶温迅速上升到85～92℃。在这个范围内，自然光下锅面也仅是微微有点"灰白"，即使在黑暗条件下也看不出杀青锅发红。但在实际生产中，杀青时往往把锅烧得通红，这是造成烟焦茶的主要原因。

（2）嫩杀与老杀。

嫩杀就是时间短一点，让水分少蒸发一些。与此相反的即为老杀。一般来说，嫩叶应该老杀，因为嫩叶水分多，酶活性强，叶的韧性与黏性大，适当老杀有利于提高品质；老叶应该嫩杀，老叶水分少，酶活性较低，嫩杀有利于形成条索，减少碎末茶。

杀青叶较适合的含水率见表2-2。

表 2-2　杀青叶含水率

单位：%

鲜叶嫩度	杀青叶含水指标
嫩	58～60
中	61～62
老	63～64

普洱茶初制杀青有手工杀青和机械杀青两种方式。

手工杀青一般采用斜锅，由于普洱茶鲜叶原料一般成熟度较高，芽叶肥壮，手工杀青采用抛闷结合的方式，使杀青叶均匀失水，达到杀匀杀透的目的。如果采用柴火加热方式，烟要排到室外，以免杀青叶吸附，产生烟味。手工杀青，锅温一般在 220 ℃ 左右，投入鲜叶，投叶时能听到爆点的声音，杀青刚开始时，多闷、少抛，以便于叶温迅速上升，快速钝化鲜叶中多酚氧化酶的活性。不同的鲜叶，杀青程度不一样，嫩叶老杀、老叶嫩杀。杀青叶的水分一般控制在 55%～65%。在杀青时切忌杀焦，以免产生烟焦味。待到叶质柔软、清香显露、折梗不断，将杀青叶出锅，迅速摊凉。

机械杀青采用滚筒杀青机和炒干机杀青，肥壮的茶鲜叶，一般采用炒干机杀青，杀青过程中水汽散发较慢，有利于杀透和杀匀。滚筒杀青机应与流水生产线和机械连装。

滚筒杀青机按照筒体的直径大小常见的有 40 型、50 型、70 型、80 型和 100 型。80 型的滚筒杀青机，每小时能杀 1～2 级鲜叶 150 千克左右、3～5 级的鲜叶 200 千克左右。杀青时间约为 3 分钟。

3. 揉捻

揉捻分为冷揉和热揉，冷揉就是杀青叶经过摊凉后进行的揉捻；热揉是杀青叶不经摊凉而趁热进行的揉捻。嫩叶一般采用冷揉，因为嫩叶中的纤维较少，韧性大，角质层薄，水溶果胶含量多，揉捻中易形成条索。老叶一般采用热揉，因为老叶中的纤维较多，角质粗硬，揉捻不容易成条，这时可以通过热揉使叶质受热变软，有利于揉紧条索，减少碎末茶，提高外形品质。揉捻后的茶叶要进行解块筛分，较老的茶叶如果条索没有达到要求，要进行复揉。

（1）投叶量的确定。

各种揉茶机投叶量都有一定的标准，如果投放叶量太少，会降低揉捻加压的效果，难以揉紧条索；如果投放叶量太多，会揉捻不匀。所以原则是，杀青叶自然散放在揉筒里面，不能挤压，放到接近筒口处。

（2）揉捻加压。

茶叶条索松紧扁碎主要受揉捻时加压轻重与加压时间的影

响。若揉捻的力度较轻，对茶叶的叶表组织破坏性较小，内含物质溢出相对较少，制成的晒青毛茶条索外形相对粗松、紧结度较小；制作的成品普洱茶，新茶在冲泡过程中，出汤时间相对较慢，其耐泡度也相对较高。

若揉捻的力度较重，对茶叶的叶表组织破坏性较大，内含物质溢出相对较多，这样制成的晒青毛茶，条索相对紧实；制作的成品普洱茶，新茶在冲泡过程中，前几泡需快速出汤，耐泡度相对较弱。整个揉捻过程的加压原则应是"轻—重—轻"。

（3）揉捻时间。

普洱茶毛茶主要要求条索完整，揉捻时间在30分钟左右。

（4）揉捻机型。

揉捻机的机型按照揉筒的直径大小分，有40型、55型、65型等。选用桶径55厘米及桶径40厘米的揉捻机。使用的揉捻机型和投叶量见表2-3。

表2-3 揉捻机型和投叶量

揉捻机型号	桶径/毫米	投叶量/千克
40型	400	10
55型	500	35
65型	650	50

4. 解块

杀青叶在经过揉捻这道工序后，一般会结成团块，这时需经解块机解块。解块机中配置筛网，能够把被揉碎的茶叶筛出，与筛面的条茶分开制作，可提高毛茶品质。手工揉捻的杀青叶，用手抖散后直接转入晒干工序。

5. 晒干

晒干是关系普洱茶品质的关键工序。一般有专用的晒干车间，四面用玻璃等材料制成，可以有效利用太阳光；有的在室外进行晾晒，晾晒的过程中地面一定要干净，并且隔离起来，防止鸡等家畜进入；也可以采用晾架，将揉捻叶薄摊到清洁的簸箕内。在晒青过程中，揉捻叶尽量薄摊，一般在 5 厘米左右，天气晴好，每 2 小时左右翻一次，待到茶叶有刺手感时，可以将晒青叶摊厚一些，到 15～25 厘米，有利于晒青叶中的水分在叶和梗间重新分布，有利于干燥和品质的形成。如果用簸箕摊凉，可以2～3 筛并一筛。晒干的程度以水分在 10% 以内，茶梗可以折断，用手碾茶梗，可以形成颗粒型的碎末为宜。遇到天气晴好，一般2～3 天可以晒干，晒干后的毛茶，定量包装入库。

6. 包装

以前多用编织袋装，不套塑料内袋。现大多采用纸箱包装，纸箱包装里面要放塑料内袋，装箱时不能挤压毛茶，以免断碎。

根据《地理标志产品普洱茶》（GB/T 22111—2008），云南晒青茶原料按照嫩度分为特级和一～十级共 11 个等级，逢双设样（见表 2 - 4）。

表 2 - 4　晒青茶感官品质特征

级别	条索	色泽	整碎	净度	香气	滋味	汤色	叶底
特级	肥嫩紧结芽毫显	绿润	匀整	稍有嫩茎	清香浓郁	浓醇回甘	黄绿清净	柔嫩显芽
二级	肥壮紧结芽毫显	绿润	匀整	有嫩茎	清香尚浓	浓厚	黄绿明亮	嫩匀
四级	紧结	墨绿润泽	尚匀整	稍有梗片	清香	醇厚	绿黄	肥厚
六级	紧实	深绿	尚匀整	有梗片	纯正	醇和	绿黄	肥壮
八级	粗实	黄绿	尚匀整	梗片稍多	平和	平和	绿黄稍浊	粗壮
十级	粗松	黄褐	欠匀整	梗片较多	粗老	粗淡	黄浊	粗老

二、普洱茶（生茶）加工

工艺流程：验收和拼配付制→精制→蒸压成型→干燥→包

装。经过以上流程后才能成为普洱茶（生茶）。

（一）验收和拼配付制

普洱茶原料入库前要进行验收，验收的项目包括确定件数、净重和品质。验收后分类堆放，并建立台账。品质验收要扦样，扦样要具有代表性。对照毛茶的收购标准进行感官审评，以评定进厂毛茶的等级，同时还要进行水分检测，水分控制在 10% 以内。

拼配付制需要合理利用毛茶原料，对每次付制的原料进行选配，保证产品质量的延续性和稳定性。在拼配过程中，要处理好产地、级别、季节和成本的关系，保证产品质量稳定，包括外形和内质。拼配付制主要方法如下。

1. 单级拼合、单级付制、单级回收

同一级别的茶叶付制，生产出同一级别或是同一批次的产品。

2. 单级拼合、单级付制、多级回收

每次付制、拼合的毛茶原料是同一级别的，而制成的产品有多个级别。这样做可以提高生产效率，保证品质，同时保证了主要级别产品的质量，但会增加不同筛号茶的库存，对仓库管理要求较高，降低了资金的周转效率。

3. 单级拼合、阶梯式付制、多级回收

以三四批为一个周期，由等级高到等级低付制，使半成品拼配可以取长补短，互相调剂。

4. 多级拼配、多级付制、单级回收

将不同级别的原料拼配付制，制成产品级别一致的一个级。每次产品都可以拼配出厂，生产周期快，对生产管理有较高的要求。

（二）精制

精制的基本作业为筛分、风选、切轧、拣剔、干燥、拼配、匀堆装箱。茶叶精制有简有繁，受传统习惯、客户的要求和市场的影响，不同的生产者会选用不同的精制工序。普洱茶原料（云南大叶种晒青茶）来自不同的产地，采摘的嫩度、初制的技术有差异，品质各有不同。精制有利于形成品质稳定、符合生产标准的成品茶。

1. 筛分

筛分的目的是区分茶叶的粗细、长短、轻重。在晒青茶的精制过程中一般采用圆筛和抖筛，圆筛分长短和大小，抖筛分粗细。

茶叶的精制工艺采用"分路取料"的方法，毛茶通过筛分，然后分成几条线路进行精制。这样做能够达到分级取料，为拼配提供原料，同时提高茶叶的利用率和制率，充分发挥茶叶的经济价值的目的。茶叶精制的筛路一般分为本身路、长身路、圆身路、轻身路和筋梗路。

（1）本身路。

本身路指在精制过程中第一次通过筛网的茶，本身路茶条索紧结，嫩度较高，身骨较重，品质较好。

（2）长身路。

长身路指在筛分中分类出来的长形茶，以及头子茶经切轧后通过圆筛机的长形茶。条索较粗松或较长，品质低于本身路，是提取本级茶的成品和面张茶的主要部分。

（3）圆身路。

圆身路指在筛分中分离出来的毛茶头、抖筛头、撩筛头，多为圆形，是提取本级茶或降级处理的原料。

（4）轻身路。

轻身路指在精制过程中，风选出来断碎的芽头等质量较轻的茶，一般在风选机的子口中，可以选较好的入本级。

（5）筋梗路。

筋梗路指在精制过程中，各路取出的筋梗，含有茶叶的梗和其他夹杂物，有嫩梗、老梗、细筋，筋梗路数量少、净度较差。

2. 风选

风选即使用风力区分茶叶轻重好坏，具有划分茶叶级别和清剔碎石、灰末的作用，有吸风式和送风式不同的风选方法。

3. 切轧

切轧指将较粗大的头子茶切轧成为符合产品规格的茶，切轧工具有滚切机、齿切机、圆切机。

4. 拣剔

剔除茶叶中的茶梗、茶籽、茶片等夹杂物，努力提高茶叶的净度，达到产品质量的要求。

5. 干燥

通过干燥，除去茶叶中的多余水分，使其符合茶叶品质的要求。

6. 拼配

把干燥后的各筛号茶，按照产品标准拼配成小样，然后从外形和内质进行审评，对比是否与目标样相符，小样合格后，按照拼配比例匀堆，然后进行扦样再进行审评对比，检验合格，完成拼配。为了做好拼配，一方面要熟悉毛茶，对毛茶通过精制后产生的半成品要做到心中有数，掌握各筛号茶的质量、数量和堆放位置；另一方面要对标准样（目标样）分析透彻，通过分析面张茶、中段茶、下段茶和碎末茶的含量，掌握各段茶的比例，还要开汤审评内质，最后根据外形和内质综合分析，制定出拼配比例。在拼配过程中要做到拼配均匀，确保茶堆各个部分的质量统一。

7. 匀堆装箱

根据品质要求，采用匀堆、过秤、装箱联合机或采用人工方法，将大小不同筛号茶进行拼配均匀，称量装箱。

（三）蒸压成型

精制和拼配好的原料，经过称茶、蒸茶、压模、脱模等工序就成了普洱茶（生茶）。

1. 称茶

在蒸压之前，拼配好的原料要喷洒一定比例的水，要求水质洁净，使付制的茶坯的含水量达到 15%～18%，喷水回潮的目的是使茶坯柔软利于蒸匀。普洱茶的成品水分要求控制在 10% 以内。为了保证出厂时符合水分要求，在付制前根据原料的水分含量、成品茶标准的水分要求，结合加工损耗率，计算出要称茶的质量。

2. 蒸茶

通过高温水蒸气迅速促进茶叶变软便于成型，同时去除杂味。一般采用锅炉蒸汽，蒸汽通过管道输入蒸压作业机，也有采用蒸汽发生器进行蒸茶的。蒸茶时间一般为 5～10 s，茶叶蒸后水分增加 3%～4%，茶坯的含水量达到 20%左右。蒸后的茶用布袋套到蒸桶口，将茶坯倒入布袋后，趁热进行揉型，然后交付压模。

3. 压模

传统压模采用石磨加压的方式，不同的企业采用不同的压模方式，多数采用冲压装置，将蒸过的茶叶装入模具，置于甑内由带柄的压盖压住，由冲头对压盖加压，使茶块厚薄均匀、松紧适度。

4. 脱模

压过的茶块在模内定型后脱模，冷却时间根据定型的情况而定。机压定型较好，施压后放置即可脱模，而手工压制须冷却一定时间方可脱模。

（四）干燥

传统干燥是把茶叶放在晾干架上，让其自然失水干燥到成品茶标准含水量，在晾晒过程中要检查，防止发霉。加工厂一般都建有烘房，室内设有茶叶摊凉架，下面排有加温管道，由外部的锅炉加温后将蒸汽由管道输入烘房，烘房的温度一般控制在 45～55℃。不同形状的产品烘干的时间不同，普洱茶生茶要将水分控制在 10％以内，一般要烘 13～36 小时。在烘的过程中要注意排湿，每隔 2～3 小时，打开排气窗排湿一次。

（五）包装

加工而成的成品茶，要进行抽样检验，检验内容包括水分、质量、灰分、含梗量等，并进行对样审评，合格的产品及时包装。普洱茶（生茶）需要缓慢后发酵，要求在环境清洁、通风、无异味的专用仓库长期保存，忌高温高湿。在贮藏过程中，要检查是否发生霉变。

三、普洱茶（熟茶）加工

普洱茶发酵技术不断更新和创新，普洱茶（熟茶）产品花色呈多样化、多元化发展趋势，深受消费者青睐。普洱茶（熟茶）根据形态和制作流程又可分为普洱茶（熟茶）散茶和普洱茶（熟茶）紧压茶。

（一）普洱茶（熟茶）散茶加工

普洱茶（熟茶）散茶的加工工艺流程：

晒青茶付制→潮水→微生物固态发酵→翻堆→干燥→筛分拣剔→拼配匀堆。

1. 晒青茶付制

云南大叶种晒青茶作为普洱茶的原料，通过筛分、拣剔、干燥等环节，去除杂质，使水分保持在 10％以下。对水分、杂质进行检验，合格后即可付制。

2. 潮水

在普洱茶原料中加入一定量的清水，拌匀后即可进行后发酵。

3. 微生物固态发酵

在后发酵过程中微生物代谢热及茶叶的湿热作用使其内含物

质发生氧化、聚合、缩合、分解、降解等系列反应，从而形成普洱茶（熟茶）特有的品质风格。影响后发酵的因素有很多，其中叶温、茶叶含水量、供氧等尤为重要。

4. 翻堆

在普洱茶（熟茶）的加工过程中，一般翻堆间隔为 5～10 天，视发酵的场地、堆温、湿度及发酵程度灵活掌握。翻堆时打散团块、翻拌均匀，严格控制堆温在 40～65 ℃。经过几次翻堆后，当茶叶呈现红褐色时，即可进行摊凉干燥。

5. 干燥

普洱茶（熟茶）的干燥切忌烘干、炒干，晒干也尽量少用，宜用室内通沟法进行通风晾置干燥。每隔 50～80 厘米通沟，下一次反向进行，如此循环往复至茶叶含水量到 13% 以下即可起堆进行分筛。

6. 筛分拣剔

通过抽样审评，即可按品质差异、级别差异进行归堆，再按普洱茶成品茶要求配置筛号筛分。各级别对样评定，分别堆码。把茶叶中的杂质除去，剔除非茶类夹杂物，拣净茶果、茶梗。

7. 拼配匀堆。

根据茶叶各花色等级筛号的质量要求，将不同级别、不同筛号、品质相近的茶叶按比例进行拼和。

不同发酵阶段样品质特征见表 2-5。

表 2-5　普洱茶（熟茶）不同发酵阶段的感官品质特征

阶段	外形	香气	汤色	滋味	叶底
原料	褐绿尚润	清香纯正	黄绿明亮	醇和	黄绿柔软
一翻	褐绿	花香	黄明亮	醇和微酸	褐绿柔软
二翻	褐绿	花香浓郁	橙黄明亮	醇和微酸	棕黄柔软
三翻	灰绿	花香	橙黄明亮	醇爽	棕黄柔软
四翻	红棕紧结	陈香带花香	橙红亮	醇爽微涩	黄褐柔软

（续）

阶段	外形	香气	汤色	滋味	叶底
五翻	红褐尚紧结	陈香带花香	橙红明亮	醇甜	棕红带绿
六翻	红褐尚紧结	陈香带花香	红明亮	醇甜	棕红带绿
出堆	棕褐尚紧结	陈香浓郁	红亮	醇甜	红褐柔软

（二）普洱茶（熟茶）紧压茶加工

普洱茶（熟茶）的工艺流程：原料付制→筛分→拼配→润茶→蒸压→定型干燥→包装→仓贮陈化。

1. 原料付制

普洱茶（熟茶）紧压茶的原料为普洱茶（熟茶）散茶，其水分含量必须保持在保质水分标准（12%~14%）以内。

2. 筛分

分出茶叶的粗细、长短、大小、轻重，根据各级别对样评定后，分别堆码。

3. 拼配

根据各种蒸压茶加工标准样进行审评，确定各筛号茶拼入面茶和里茶的比例。

4. 润茶

润茶是为了保持茶叶芽叶的完好。润茶水量的多少依据茶叶的老嫩程度、空气湿度而定，否则茶叶会质变。

5. 蒸压

蒸压工序包括：称茶、蒸茶、压茶、退压。

6. 定型干燥

普洱茶（熟茶）紧压茶干燥方法有室内自然风干和室内加温干燥两种，干燥的时间根据气温、空气相对湿度、茶类及各地具体条件的不同而有所不同。

7. 包装

棉纸包装应洁净无异味，笋叶包装需扎紧，包装标签应标注产品名称、净含量、生产厂名、厂址、生产日期、质量等级、执行标准编号等信息。

8. 仓贮陈化

云南普洱茶（熟茶）紧压茶微生物固态发酵是自然氧化、微生物、水热作用等综合作用的过程。在普洱茶（熟茶）微生物固态发酵结束后继续贮藏一段时间，可逐渐形成普洱茶（熟茶）紧压茶特有的风格，其陈香随后期转化时间的延长而增加。贮藏陈化必须贮藏于清洁、通风、避光、干燥、无异味的仓库，温度控制在 25℃左右，相对湿度不得超过 75%，避免成品与原辅料、半成品混杂堆放，防止串味、被污染。

四、普洱茶工艺创新

（一）r-氨基丁酸普洱茶

r-氨基丁酸（r-aminobutyric acid，GABA）普洱茶，是利用自主研发的专利技术（专利号：201120132521.4），使云南大叶种茶鲜叶中的谷氨酸转化形成富含 r-氨基丁酸的新型茶制品。

r-氨基丁酸普洱茶一般都是普洱茶（生茶），工艺流程：

摊放→厌氧处理→杀青→揉捻→干燥→蒸压→干燥→包装。

其中，厌氧处理是关系 r-氨基丁酸普洱茶品质形成的重要工序，也是普洱茶（生茶）的创新工艺。厌氧处理应用自主专利技术，在传统的普洱茶加工之前，增加了一步厌氧处理，充氮厌氧处理 6h 以上，使茶叶中的谷氨酸在谷氨酸脱羧酶的作用下，转化生成 r-氨基丁酸，并且使茶叶中的 r-氨基丁酸的含量达到 r-氨基丁酸食品的标准。r-氨基丁酸普洱茶的品质特征是香气鲜香馥郁，滋味鲜爽、回甘、微酸，汤色黄亮，叶底匀嫩。

r-氨基丁酸可促进胰腺中胰岛素的分泌，预防糖尿病。美国、日本等国及我国台湾地区将 r-氨基丁酸用于食品；2009 年 9 月 27 日，我国卫生部将 r-氨基丁酸列为新资源食品。

（二）洛伐他汀普洱茶

洛伐他汀（lovastatin LVTP）是红曲霉的次级代谢产物。云南农业大学周红杰教授团队经筛选获得专利菌株紫色红曲霉（Monascus purpureus）MPT13（专利号：201010182965.9）制成发酵剂并应用到普洱茶发酵中后，首次制得富含洛伐他汀的普洱茶。

洛伐他汀普洱茶属于普洱熟茶，加工工艺流程：

晒青→潮水→微生物固态发酵（接种紫色红曲霉）→翻堆→干燥分筛拣剔→拼配→贮藏陈化。

其中，微生物固态发酵（接种紫色红曲霉）是影响洛伐他汀普洱茶品质形成的关键工序，也是普洱茶（熟茶）的创新工艺。该创新工艺关键控制点在于，发酵过程中须按照产品品质要求分批次加入专利菌株紫色红曲霉（Monascus purpureus）MPT13制成的发酵剂进行微生物固态发酵，使茶叶中富含洛伐他汀。

洛伐他汀普洱茶与传统普洱茶（熟茶）的化学成分有一定的差异。除了符合传统普洱茶（熟茶）的标准外，部分构成普洱茶（熟茶）品质的内质成分含量较传统普洱茶（熟茶）有所提高（实验结果表明，专利技术发酵的普洱茶比对照样中茶样的水浸出物、黄酮、氨基酸、总糖、茶褐素的含量分别提高了1.83%、14.43%、8.67%、4.89%、4.18%）。感官审评结果表明，洛伐他汀普洱茶滋味醇厚甘滑，香气馥郁、曲醋香和甜香显著，汤色红艳明亮，叶底红褐柔软；与传统普洱茶相比，既保持了原有的品质特征，又具有新的品质特点——茶汤收敛性和苦涩味明显降低，增进茶汤在感官上的"黏滑、醇厚"感，增加了普洱茶茶汤的黏稠度和口感，且具有米曲香风味的新特点，丰富了普洱茶的花色品种，提高了普洱茶的科技含量，为普洱茶新产品和特色产品的研究开发提供了科学依据。

第二节　普洱茶的贮藏

　　普洱茶是云南省地理标志产品，优质的原料、精湛的加工工艺、科学的贮藏方法，是云南普洱茶形成优良品质的三个必备条件，普洱茶的贮藏是加工工艺中进一步提升品质的重要程序，按照相应的加工工序以及技术措施和科学的贮藏技术进行普洱茶的生产，才能保证普洱茶品质。为了提高普洱茶的风味品质，创造更高的经济效益，我们需要更好的贮藏工艺，因此，贮藏的工艺方法至关重要。

一、普洱茶贮藏概述

（一）普洱茶贮藏概念

　　不同种类的茶叶的含水量、发酵程度、茶叶特性等不同，贮藏措施及方法也不同。根据贮藏的方法可分为常温贮藏法、低温贮藏法、真空贮藏法、混合贮藏法等，应根据茶类特性有针对性地选择、采取不同的贮藏方法。例如，为保持绿茶的鲜爽度，绿茶适宜真空保存在 $0 \sim 5\ ℃$ 的环境中。红茶宜常温贮藏，以有利于后熟作用，但贮藏温度不宜过高，并应防止吸湿变质。为保持铁观音的香气，铁观音要求在低温真空的条件下保存。普洱茶要求在干净、卫生、无异味、避光、防潮的环境中贮藏，以有利于普洱茶后期的氧化作用。因此，绿茶、红茶、乌龙茶的贮藏是成茶品质的保证，是生产的终端、销售的前端，而普洱茶的贮藏则是加工的环节，也是品质转化、增值的环节。普洱茶贮藏是加工延续、提升品质的最后一道把关工序，如果这一阶段的工艺指标和技术措施得不到正确实施，会使加工过程中形成的良好品质遭到破坏。

　　普洱茶贮藏既是加工工艺中的重要程序之一，也是有效提升普洱茶的品质价值，最终使普洱茶"越陈越香"的技术基础。普洱茶的贮藏应根据茶叶的特性、茶叶产品供销的客观规律，通过物理的、化学的、生物的综合措施，科学合理地进行，最大限度地保证或提升普洱茶品质。

（二）普洱茶陈化的概念

陈化是普洱茶发展香气、巩固和完善品质的重要工序，普洱茶特有的品质和陈香是在陈化过程中变化形成的。陈化也是普洱茶贮藏技术水平与效果把握的衡量指标。适宜的贮藏环境对普洱茶的陈化非常关键，普洱茶品质的变化与贮藏温度、湿度、光线、氧气、微生物、时间及贮藏措施等影响因素之间存在显著的相关性，这些因素对普洱茶的甘滑、醇厚、甜绵等品质特点的形成有重要的作用。其中，温度和湿度尤其重要。贮藏环境不同，普洱茶品质会有很大的差异。

（三）普洱茶的贮藏方式

对普洱茶而言，贮藏是普洱茶加工延续、提升改善品质中的关键环节，它不仅是普洱茶产品贮藏的过程，而且是普洱茶品质向着香、醇、厚、甘、润、滑、甜等方向转变的重要步骤，更是铸就普洱茶顺、活、洁、亮品质的关键环节。普洱茶贮藏方式可分为干仓贮藏、湿仓贮藏、技术仓贮藏和家庭贮藏。

1. 干仓*贮藏

"干仓"这个词汇用在普洱茶的仓储上，最早是在香港和广

---

* 注：干仓和湿仓的辨别

① 干仓陈年普洱茶年代相对较长；湿仓普洱茶大多年代较短。

② 市场中的湿仓普洱茶除汤色变深外，茶汤滋味粗杂不醇，有强烈的漂浮感，缺乏沉着感。

③ 严重霉变的湿仓普洱茶大多气味霉浊，失去茶叶应有的光泽，欠纯正、不自然。有的青茶茶汤深暗无光泽。有的茶虽经烘焙和几年退仓等处理，少了霉呛味，但喉部的"仓迹"却难以驱除。同时，霉变后的湿仓茶的香气与干仓普洱茶差异较大，难以等同。

④ 干仓茶无霉点、斑点，无菌丝体、虫卵等污染物，包装纸一般无水迹；湿仓茶茶叶表面或内部有霉点或菌丝体，外包纸有水迹。

东。在香港、广东的普洱茶传统仓中，单纯不加干预地仓储，茶
叶往往容易产生一股类似发霉的味道。通过长期的观察，茶商们
发现水分是导致茶叶产生霉味的主要因素，于是他们摸索出通过
降低仓储环境中的空气湿度来减轻霉味的方法，开始有意识地使
仓储环境相较于自然状态更干燥，这种控制湿度的人为干预方法
被称作"干仓"。干仓贮藏是指利用独特的地理优势、气候条件，
使普洱茶在温度适中、相对湿度 75％以下、通风透气、清爽无
杂味的环境下自然缓慢陈化。普洱茶干仓的温度一般保持在室温
25±3℃，相对湿度小于 75％，相对湿度过大会影响普洱茶贮藏
时间以及产生劣变。干仓普洱茶，存放于干燥、通风、湿度小的
仓库里。一般干仓茶叶在温湿度适中、通风透气、清爽无杂味的环
境下自然陈化，保存了普洱茶的本身的质地，也增加了茶叶的价值。

　　干仓普洱茶（生茶）条索肥硕壮实，表面光泽鲜润；汤色因
贮藏时间不同为黄绿、绿黄、黄、橙黄、黄褐、红褐等并透亮；
滋味仍然有苦涩味；香气也因贮藏时间不同呈现清香、花香、蜜
香、独特陈香等；叶底是黄绿色至黄褐色。

　　干仓普洱茶（熟茶）条索紧结重实，表面光泽鲜润；汤色红
浓明亮；滋味甜醇；香气具独特陈香；叶底呈红褐色。

2. 湿仓贮藏

　　湿仓贮藏是指通过人为增大普洱茶陈化环境的温湿度以提高
陈化效率的贮藏方法。湿仓普洱茶在较短的时间内对各种贮藏因
子控制得当，有利于改善普洱茶的品质。湿仓根据湿度不同可分
为重度、中度和轻度湿仓。但是相对湿度超过 80％常会导致普
洱茶霉变而不可饮用。湿仓贮藏是将普洱茶成品放入高温高湿环
境，或是将晒青毛茶通过"湿仓"处理后再行压制。湿仓陈化是
微生物参与作用（污染）的陈化，其目的是利用微生物分泌的酶
加快普洱茶陈化速度。

　　湿仓普洱生茶外形条索松脱、颜色暗淡、粗糙，生茶黑绿或
褐，熟茶红褐，且茶叶表面或夹层有霉斑霉点或丝状物；汤色呈
暗栗色，混浊，似泥浆水，有的经过烘焙处理汤色红浓澄清，常

被误认为是干仓，但是出汤较慢；香气有明显的仓味，甚至有霉味；口感较薄，没有厚感，汤中有时也可喝到霉味；叶底生茶暗栗色或是黑色，质地则保持柔软，且富于弹性，熟茶红褐色，质地较生茶干硬。

通过湿仓处理的茶有较明显的"湿仓味"，茶色显旧相，这些看似"老陈"的茶叶，其实只不过是新的"改造茶"。

湿仓贮藏因难以精准控制温度会影响普洱茶品质，一般不建议使用。

3. 技术仓贮藏

采用健全有效的贮藏方式是保证普洱茶品质的关键，技术仓是应用科技有效改变和提升普洱茶品质的贮藏技术。技术仓贮藏要科学调控贮藏中影响普洱茶品质的因子参数，严格控制茶仓的温度（25 ℃±3 ℃）、相对湿度（55％～65％）、氧气、光照（避光）等，避雨淋、适度通风、控制微生物数量，或用负氧离子处理，同时营造无污染、无异味、清洁卫生的环境条件，所以一般会有专门选址，配合专业设备、设施来完成调节，为茶品的后期转化提供最有利条件，从而控制茶叶内含物的转化，使普洱茶色香味品质得到显著提升，实现茶叶提质增值的目的。除了保证食品安全、实现快速陈化，还能形成不同风格、品质、功效的普洱茶产品。

普洱茶贮藏需要达到以下标准。

a. 普洱生茶与熟茶、老茶与新茶应当分类堆放、分开贮藏、定期翻动，以有利于茶叶陈化均匀。

b. 仓库周围应无异味，远离污染源；库房内应整洁、干燥、无异味。

c. 地面应进行硬质处理，并有防潮、防火、防鼠、防虫、防尘设施。

d. 应防止日光照射，有避光措施；应具有通风功能；且有控温、控湿设施。

e. 应定期检查仓库内的温度、相对湿度、通风情况，高温、多雨季节应勤查勤看，并做好记录。

f. 应当定期进行清洁、换气、换仓。

g. 禁止家禽家畜进入仓库。

h. 所有的来访者都需要符合普洱茶贮藏的卫生要求。

i. 应有防火、防盗措施，确保安全。

4. 家庭贮藏

由于家庭贮藏的茶叶品类较为复杂，空间环境具有多样化的特征，较小的空间中可能存在"杂异味"。在家庭贮藏过程中应该注意以下几点。

a. 不应密封低温保存，让普洱茶接触干净、卫生、无"杂异味"的空气，有利于普洱茶存放过程中的氧化反应。

b. 要存放在相对独立的环境中，避免靠近厨房、卫生间等"杂异味"较大的区域。

c. 环境不允许开放存放时，可选择透气性较好、具有一定防潮性、避光的存茶器具，如紫砂陶器、瓷器、纸箱、木箱等。

d. 存放过程中注意气候的变化，避光、防潮、防高温、防虫蚁、防异味，不轻易拆外包装，严禁与有毒害易污染的物品混放，适当通风定期翻动，生熟分开，新老分开。

二、普洱茶贮藏技术

普洱茶贮藏技术是指将加工好的普洱茶成品置入存放场所或空间，通过人为控制该场所或空间的环境来促进普洱茶品质提升的技术措施。目前可将普洱茶贮藏技术划分为三种类型，一是传统贮藏技术，二是自动化贮藏技术，三是智能化贮藏技术。

（一）传统贮藏技术

传统贮藏技术，需借助贮藏的地理位置、条件气候、微生物菌群而进行自然贮藏。根据贮藏地来命名的茶仓，如云南仓、港仓、广东仓、大马仓等，贮藏的地方不同，所形成的陈化普洱茶风味各异。不当的贮藏手段会造成微生物毒素在普洱茶中富集等安全风险的增加。研究表明，含水量对普洱茶陈化品质具有重要作用，含水量过低则不利于陈化过程，含水量过高则易引起普洱茶质变。

（二）自动化贮藏技术

自动化贮藏技术根据贮藏空间的地理位置，利用无线遥感感应技术的控温控湿自动化监测及预警系统，实现贮藏空间的自动化调节。在贮藏时注意将新茶品和老茶品、生茶和熟茶归类堆放，并定期翻动，以便陈化均匀，预防霉变产生。

（三）智能化贮藏技术

遵循普洱茶仓养理念，综合运用大数据分析、物联网技术、区块链技术、Ai 技术，对茶叶的入仓存储、仓养进行全流程的数字化管理和智能化控制。

三、贮藏中普洱茶的品质变化

在普洱茶的贮藏过程中，与常温相比，无论冷冻、冷藏还是在 45℃条件下贮藏普洱茶，在一定的时间内普洱茶汤色都有变亮的趋势；滋味出现醇或滑的感觉，只是程度稍有差异；香气则在低温下陈香明显，高温下陈香气减退。普洱茶的感官品质在贮藏过程中会发生动态变化，且不同的原料在相同的贮藏环境下或同一原料在不同的贮藏环境下变化均不一样。总的来说，会茶汤颜色逐渐变深，滋味顺滑度增加、苦涩度减弱、甜度增加，形成普洱茶特有的香、甘、醇、滑的品质特征。在适宜的贮藏条件下，时间越久风味越协调。周红杰等（2017）认为干仓贮藏的晒青茶、普洱茶（生茶）、普洱茶（熟茶）香味日趋醇、甜，但湿仓贮藏的香味均出现劣变，有刺鼻不爽的湿仓气，有霉苦味，饮品后喉咙干痒、无生津感。

（一）不同贮藏时间下普洱茶（生茶）品质特点

普洱茶（生茶）约 5 年干仓，青涩，有收敛性；10 年以上，苦中带有回甘，口感饱满；15 年以上，香味醇化，柔滑，茶韵有层次感；20 年以上，有陈韵，丰富醇厚，口感厚实有起伏，生津度强；25 年以上，汤的明度与彩度高，茶味的强度、稠度、调和度饱满，陈韵丰富。

（二）不同贮藏时间下普洱茶（熟茶）品质特点

普洱茶（熟茶）约 5 年干仓，汤色红浓，浓厚回甘；10 年以上，醇厚甜绵，稠滑细腻；15 年以上，醇厚滑润，软绵悠然；20 年以上，醇甜滑润，口感柔和细腻；25 年以上，汤的明度与彩度高亮，滋味甜润甘爽，陈韵极致。

使用正常发酵工艺制作的普洱茶，不应该有堆味，且汤色较透；3～7 年的，茶汤清澈，香气纯正，部分带陈香；8～15 年，陈香明显，汤色红浓透亮。不同等级的普洱茶（熟茶）香味也不同，如宫廷级会出现干果香、荷香、药香，用成熟度高或粗老原料茶做的多出现枣香、木香或中草药香。

🌿 第三节　普洱茶的收藏

一、收藏的概念

"收"本意指把外面的物品拿到里面；个人根据自己的爱好收集保存一些物件。作为名词具有收藏品之意。"藏"字本义是收藏、贮藏。《说文解字》说"藏，匿也"，表示贮藏了大量珍贵的物品。"收藏"即收集珍贵物品贮藏起来。

物以稀为贵，茶也是如此。收藏普洱茶从了解普洱茶开始，优质的原料、精湛的加工工艺与科学的贮藏，既是优质普洱茶的最基本要求，也是收藏普洱茶的基本原则。

如 20 世纪中叶生产的普洱茶代表中茶牌圆茶，印有红印、绿印，市场上十分稀少。20 世纪 60 年代后，中茶牌圆茶改制七子饼茶，印有红印、绿印，增加了蓝印，这类产品也不多。到了 20 世纪 70 年代，为了适应市场发展的需要，研究出了普洱茶发酵技术，普洱茶（熟茶）才正式进入市场，但需要注意的是早期的普洱茶（熟茶）在选料上较粗老，20 世纪 90 年代后才开始选用较为细嫩的原料生产宫廷普洱茶（熟茶）。2006 年左右，普洱茶市场掀起一阵全面热炒普洱茶的狂潮。

二、普洱茶的收藏选择

近年来，普洱茶不仅成为茶叶爱好者的心头好，更成为爱好收藏人群的新宠。近年来，普洱茶拍出天价的纪录屡见不鲜。

（一）优质的原料

自然环境造就了普洱茶内质丰富，各种微量元素丰富的特点。普洱茶树生长在原生态的哀牢山、无量山以及高黎贡山等山脉上，有着丰富的植物资源，云南仅高等植物就有 7 000 多种，普洱茶树与这些植物在森林里共同生长，良好的生态环境，形成了普洱茶丰富的内质。

云南省是茶树的发源核心地之一，几千年栽培种植茶树的经验、优良的茶树品种为优质普洱茶的形成奠定了基础。目前茶叶原料基本分为两种，一种是生态茶园茶，另一种是野放茶。生态茶园面积大，茶园茶产量高。野放茶树少，野生茶的产量也低。

（二）精湛的加工工艺

普洱茶的主要加工工艺为鲜叶采摘、摊放、杀青、揉捻、解块、干燥、蒸压、包装、贮藏等。

加工工艺对茶的外形、滋味、内质等方面都有很大的影响。茶叶是需要经过多种工艺精制而成的，在每一工艺中使用恰如其分的制作方法可以使茶叶的综合品质达到最佳。

（三）科学的贮藏

科学的贮藏对普洱茶最终品质特性的形成至关重要。贮藏过程中普洱茶品质的转化也是受多方因素影响的，主要是温度、湿度、氧气三种因子共同作用。在贮藏过程中，需注意定时开窗通风保证充足的氧气，同时又要防止其他异味影响茶叶的转化。与此同时，贮藏地点也影响着茶叶品质的转化，贮藏在昆明、上海、北京三地5年以上的普洱茶因地域不同滋味香气具有不同特点。

普洱茶以陈为贵的价值特性，使之成为可以喝的"古董"，地域性决定了普洱茶生产资源的不可复制性，无论普洱茶（生茶）还是普洱茶（熟茶），只要贮藏得法，不仅可以提升其品质，还能增加附加值。

第三章 普洱茶市场品质与安全探究

茶叶作为一种天然饮品,从历史长河中走来,不仅为人类社会物质文明与精神文明作出了贡献,还得到了普遍认可。但是,在食品安全问题极受关注的当下,茶叶同样需要注意,普洱茶作为众多茶叶产品中的一种,自然也不例外;加之自身制作工艺与品质形成的特殊性,以及普洱茶相比其他茶叶产品在包括"安全"在内的、与普洱茶品质密切相关方面的研究又相对滞后,使得开展"普洱茶安全"探究具有现实意义和长远意义。普洱茶的安全从属性上讲属于食品安全的范畴,"安全"是普洱茶质量的最重要组成部分,是消费健康发展的基石。

第一节 普洱茶化学

普洱茶是一种在茶树品种原料和加工工艺方面都很独特的中国历史名茶,其品质风格、保健功效与众不同,需探究其化学成分这一内因。普洱茶(生茶)与普洱茶(熟茶)之间由于加工工艺的较大差异,二者内含的化学成分也存在显著差别,普洱茶(生茶)保留着较多鲜叶本身的化学成分,普洱茶(熟茶)则产生了较多的氧化、聚合、缩合产物,因此我们要分开研究普洱茶与其他茶、普洱茶(生茶)与普洱茶(熟茶)。

一、普洱茶贮藏化学

普洱茶和其他茶类相比,耐贮藏是其特征。在良好的贮藏条件下,可长期保存并促进品质优化。经过一定时间贮藏的普洱茶品质会更好，故有"越陈越香"的贮藏价值、养生价值和投资增值空间。生产实践和科学试验证明，温度、湿度、光线、负氧离子、生态环境等贮藏条件能直接影响普洱茶内含物质的转化，使普洱茶中的茶多酚、氨基酸、蛋白质、咖啡因、可溶性总糖以及香气成分等物质比例变得更加协调，进而改善和提高普洱茶风味。

（一）普洱茶贮藏过程中茶多酚及儿茶素的变化

多酚类物质是促进普洱茶品质形成的重要活性物质，其滋味苦涩有较强的刺激性，对茶汤的滋味、色泽和香气的形成发挥着重要的作用。在贮藏普洱茶的过程中，多酚类物质易自动氧化、脱氢而成为醌，然后聚合成褐变物质，如茶红素、茶褐素等。茶黄素、茶红素和茶褐素三者之间的转化及比例直接影响着普洱茶的感官品质。

普洱茶（生茶）儿茶素含量一般为 $6.6\%\sim17.25\%$，平均值为 12.65%；普洱茶（熟茶），由于需经后发酵，其原料中的酯型儿茶素在酶促和湿热作用下发生了激烈的氧化、水解反应，氧化生成大量的茶褐素，水解成简单儿茶素和没食子酸，成品普洱茶（熟茶）的酯型儿茶素含量甚少，已基本检测不出，因此，普洱茶（熟茶）茶汤的收敛性和苦涩味明显下降，茶汤滋味变得醇和。

普洱茶（生茶）中含有较高的儿茶素类物质，在常温（23℃）和35℃两种条件下贮藏，儿茶素含量有下降的趋势，贮藏至8个月时，儿茶素的含量与贮藏1个月、2个月、3个月、7个月时的差异程度达到非常明显的水平。在35℃条件下贮藏较常温（23℃）条件下贮藏变化更快，说明贮藏温度对儿茶素影响较大，高温可加速儿茶素氧化。在常温（23℃）条件下贮藏，没食子酸、表儿茶素、表没食子儿茶素含量在贮藏过程中有所上升，表没食子儿茶素没食子酸酯和单体总量呈下降趋势。在35℃条件下，没食子酸有所上升，表儿茶素、表没食子儿茶素、表没食子儿茶素没食子酸酯、儿茶素等儿茶素单体及儿茶素总量逐步下降。

普洱茶（熟茶）由于经历了微生物固态发酵，儿茶素大部分被氧化，少量残留的儿茶素类成分在贮藏过程中将继续被氧化。

（二）普洱茶贮藏过程中氨基酸和蛋白质的变化

氨基酸是茶汤的鲜味物质，其含量的高低决定了茶汤的鲜爽度，氨基酸的含量越高，茶汤的鲜爽度就越高。普洱茶（生茶）含氨基酸 $1.16\%\sim2.84\%$，均值为 1.79%。成品普洱茶（熟茶）中氨基酸的含量差距较大的只有 0.18%，高的可达 1.24%，平均含量一般在 $0.4\%\sim0.5\%$，较普洱茶（生茶）低得多。尽管普洱茶（熟茶）氨基酸的含量比较低，但是氨基酸组分相当完整，有 19 种之多，且人体必需的氨基酸配比恰当，其中含量较多的是谷氨酸（Glu）、天门冬氨酸（Asp）和亮氨酸（Leu）等。

氨基酸在一定的温湿度条件下会发生氧化、偶联氧化聚合、降解和转化的化学反应，并且会与多酚类、糖类起反应生成褐色色素。普洱茶在贮藏过程中，氨基酸的含量和种类都发生了一定的变化，新普洱茶含氨基酸量最高，如果时间越来越长，含量会越来越低。氨基酸的转化对茶汤品质既有好的一面，也有不利的影响。一些氨基酸具有鲜甜味，但有一些氨基酸具有苦涩、酸涩味。氨基酸的变化对普洱茶的品质有较大影响。一方面大多氨基酸属于滋味物质，能够增进茶汤的滋味，如茶叶中含量最丰富的茶氨酸就具有味精的鲜爽味，含量较少的是谷氨酸，具有酸鲜味；另一方面氨基酸与糖类物质发生羰氨反应能够形成褐色物质，有助于普洱茶外观色泽的改善。

普洱茶长期贮藏研究也表明，随着存放时间的增加，普洱茶中的茶多酚（主要为儿茶素）、氨基酸等成分呈现下降趋势，茶褐素呈增加趋势，咖啡因的含量相对稳定。各种成分的转化速度与存放环境温度、湿度、通风状况、光照等因素关系密切。

（三）普洱茶贮藏过程中咖啡因的变化

咖啡因是普洱茶中含量较多的一种生物碱，是构成茶汤的重要滋味物质，是茶汤苦味的主要来源。总体来说，由于咖啡因本身具有很稳定的物理特性，贮藏过程中相对其他生化成分，含量变化较小。陈文品等将同一批普洱茶（生茶）样分别置于四个气候条件不同的地区（广州、上海、昆明、香港）进行贮藏，三年后对比检测，发现四个地区茶样中咖啡因的含量差异不大。

（四）普洱茶贮藏过程中可溶性总糖的变化

普洱茶的品质还受糖类物质的影响，可溶性总糖不仅对茶叶的汤色和滋味有直接的影响，而且还间接影响到茶叶的香气，是形成茶汤甜醇味的主要物质。周杨等研究发现，随着贮藏时间的延长，普洱茶（生茶）和普洱茶（熟茶）在不同贮藏阶段可溶性总糖均呈上升趋势，普洱茶茶汤中的可溶性总糖含量增加。普洱茶（生茶）在 23 ℃条件下贮藏到 8 个月时，可溶性总糖含量与其他贮藏时间下的可溶性总糖含量之间的差异极显著，而在 35 ℃条件下贮藏到 8 个月时可溶性总糖含量与除了第 7 个月的其他贮藏时间下的可溶性总糖含量之间的差异极显著；普洱茶（熟茶）在 23 ℃条件下贮藏到 8 个月时，可溶性总糖含量与贮藏前 4 个月可溶性总糖含量之间的差异极显著，普洱茶（熟茶）在 35 ℃条件下贮藏到 8 个月时可溶性总糖含量与其他贮藏时间下的可溶性总糖含量之间的差异极显著。这可能是因为随着贮藏时间的延长，热化学作用使茶叶内源物质发生改变，也可能是因为在此温度下微生物活动分泌各种水解酶，使各种高分子不溶性物质如纤维素等分解成小分子可溶性物质如果胶等，从而提高了茶汤中的可溶性总糖含量。可溶性总糖含量的提高，增加了普洱茶的黏稠度和甜度。

（五）普洱茶贮藏年限检测方法研究进展

罗玲等采用主成分分析法（PCA）和层次聚类分析法（HCA）将普洱茶（生茶）按照保存时间低于 2 年、3 年至 7 年、超过 8 年分为新茶、陈茶和老茶三类，研究发现没食子酸、表没食子儿茶素、表没食子儿茶素没食子酸酯、儿茶素、没食子酸酯、没食子儿茶素、酪氨酸、茶氨酸、谷氨酸、天冬氨酸和缬氨酸等标记化合物有助于区分普洱茶（生茶）的存储时间。其中，没食子酸表现出极显著的增加，与普洱茶（生茶）贮藏期间儿茶素、表没食子儿茶素没食子酸酯、没食子酸酯的极显著地下降密切相关。该研究为不同贮藏时间的普洱茶（生茶）的分类提供了实验依据。卷积神经网络（CNN）是近年发展起来的一种新型数据处理和信号分析技术——深度学习算法中最著名的模型之一，可提高数据处理和分析的能力，但其全连接层采用反向传播（BP）算法进行训练，存在容易陷入局部最小或出现过度训练，导致模型训练时间长、泛化性能下降的问题，而 ELM 作为分类器可以很好地弥补该算法的不足。HUANG 等（2006）1 - D CNN - ELM 模型与传统电子舌信号模式识别模型相比，对不同贮藏年限的普洱茶电子舌信号的分类准确率有较大提升，为不同年限普洱茶的快速、准确鉴别提供了新的方法和思路。

随着便利的采样附件技术的快速发展，现代傅里叶变换红外光谱（FTIR）结合化学计量学方法让混合物红外光谱测试、分析及应用变得相当低碳与便捷。清华大学孙素琴课题组近 20 年来一直专注于 FTIR 主导的中药、食品等身份鉴定与质量控制等研究，建立了红外光谱宏观指纹分析法，奠定了混合物红外光谱分析的理论基础，指出 FTIR 结合化学计量学方法在混合物分析中具有独到优势。大量关于茶叶等复杂样品的红外光谱分析研究表明，红外光谱分析方法在茶叶年份鉴定、产地溯源等品质评价方面具有广泛前景。近年来，伍贤学等对不同品质特征普洱茶的红外光谱开展深入解析研究并不断取得新进展，可能为普洱茶品质的快速客观评价提供一种新方法。

二、普洱茶功能化学

《本草纲目拾遗》等众多医学典籍对茶的保健功效做了丰富但不成体系的记载。"茶为万病之药"是古人对茶叶保健功效的朴素表达。基于现代科学技术的大量实验研究结果表明，普洱茶（生茶）和普洱茶（熟茶）具有一系列的健康保护作用。普洱茶（生茶）和普洱茶（熟茶）的功效成分存在显著差异，二者的功能也大为不同，普洱茶（生茶）以抗氧化、延缓衰老为主，普洱茶（熟茶）以调理肠胃、调节代谢为主。各种健康功效成分是普洱茶丰富的保健功效的物质基础，赋予了普洱茶特殊的功能和风味品质。现有研究成果表明，品质成分通常也是功效成分。茶多酚及其氧化产物、茶氨酸、咖啡因、茶多糖等都是普洱茶的重要功效成分。

（一）茶多酚类活性成分

茶多酚既是普洱茶的主要风味成分，也是普洱茶重要功能性成分。有研究表明，以表没食子儿茶素没食子酸酯为主的茶多酚是绿茶的主要降脂活性成分。熊昌云研究发现，作为后发酵茶的普洱熟茶，其降脂效果更佳。普洱生茶中的茶多酚以儿茶素类等小分子多酚为主，富含酚羟基的结构特征赋予了普洱生茶较强的清除自由基活性功能，故普洱生茶与大多数绿茶一样，可清除自由基而达到抗氧化作用。普洱熟茶中的小分子多酚含量显著降低到干茶质量的 10% 左右，多酚氧化聚合产物茶褐素成了普洱熟茶中重要的生理活性成分，主要表现出良好的降脂减肥等作用，其作用机制与肠道微生物代谢调节密切相关。大量研究结果表明，茶多酚的摄入量与人类慢性病发病率呈负相关。茶多酚及其氧化物具有抗辐射、抗突变、抑制肿瘤、延缓衰老、调节免疫等诸多生理作用，要想保持普洱茶饮料的保健功效，在加工或贮藏过程中有必要保留一定的茶多酚含量（10%～15%）。对云南 10 多家茶企代表性茶产品的理化成分研究表明，不同产地、不同级别的普洱茶的茶色素组成及含量差异较大，如茶黄素在 0.1%～0.4%、茶红素一般在 0.7%～5.4%、茶褐素在 7%～12.6%。饮用茶色素含量较高的普洱茶具有重要的保健价值和意义。

（二）茶氨酸

茶氨酸可提高学习和记忆的能力。茶氨酸含量在熟茶加工过程中大幅减少，研究表明其在发酵过程中与儿茶素 C-8 结合形成了儿茶素的 N-乙基-2-吡咯烷酮衍生物，该类衍生物可能是熟茶中茶氨酸的重要存在形式，其经过饮用进入人体后可能降解释放出茶氨酸和儿茶素而发挥重要的生理功效。

（三）水溶性糖类活性成分

1. 茶多糖

茶多糖是由糖类、蛋白质、果胶和灰分等组成的复合物，茶叶复合糖中，多糖部分为阿拉伯糖、木糖、岩藻糖、葡萄糖和半乳糖等，其组成的比例为 5.25∶2.21∶6.08∶44.20∶41.99。茶叶原料的种类、分离纯化方法不同，茶多糖组成和含量会有差异。近年来越来越多的研究成果表明，茶多糖是普洱茶的另一重要生理活性成分，在相对粗老、成熟的原料中含量较高。研究表明，茶多糖具有降血糖、降血脂、抗血凝、抗血栓、清除自由基、防辐射、增强免疫力等生理作用，降血糖作用是普洱熟茶中非常值得关注的重要生理活性作用。

2. 寡糖

寡糖是由 2～10 个单糖单位组成的糖类的总称。寡糖经肠道细菌发酵，可以形成有利于矿物质吸收（尤其是钙、镁等微量矿物质）的肠道环境。研究表明，寡糖有乳酸菌的保健效果，却比乳酸菌更能少受胃酸的破坏，进入肠道中被细菌利用；所以寡糖有膳食纤维的生理功能，却没有膳食纤维会抑制矿物质吸收的缺点。普洱茶中寡糖含量在 1%~6.5%。其含量因品种、原料级别、加工工艺不同而有较大差异，且寡糖含量中有益寡糖、果寡糖的比例是衡量普洱茶饮用后保健效果的重要指标，尚需深入研究。寡糖含量可作为衡量普洱茶质量的一个重要指标。

（四）生物碱类活性成分

茶叶中的生物碱主要为嘌呤类生物碱，包括咖啡因、可可碱和茶碱。源于云南大叶种的普洱茶生物碱含量相对较高，一般而言，咖啡因是其最主要成分。醒脑提神是咖啡因最重要的生理功效，此外，茶叶生物碱都具有一定的利尿排毒功效。检测结果表明生、熟普洱茶中的咖啡因含量不存在显著差异，但咖啡因的存在形式明显不同。因此，饮用普洱熟茶不会像饮用普洱生茶那样容易影响睡眠。

综上所述，调理肠胃、增强代谢是普洱熟茶的主要健康功效，具体体现在暖胃、减肥、调节血脂异常等方面。研究表明，功能成分符合表 3-1 要求的普洱茶（熟茶）都表现出优异的感官审评结果。

表 3-1　优质普洱茶（熟茶）的主要功效成分含量

单位:%

序号	名称	含量
1	茶多酚	10.0~15.0
2	茶褐素	7.0~12.0
3	茶红素	2.5~5.0
4	黄酮类	2.5~4.5
5	总儿茶素	2.0~3.5
6	茶多糖	2.5~4.0
7	寡糖	3.0~6.5
8	没食子酸	1.0~1.5
9	茶氨酸	0.3~1.0

三、普洱茶安全化学

"民以食为天，食以安为先"，作为一种受消费者广泛喜爱的茶品，普洱茶的安全性极其重要，是决定普洱茶产品能否成为商品和饮品的基本条件，也是普洱茶产业可持续发展的前提。普洱茶是云南传统特色茶叶产品，具有典型的地理标志产品特征，并以独特风味和饮用价值得到了海内外广大消费者的青睐；同时，普洱茶也是我国目前发展最快的茶叶产品之一，消费市场不断扩大，已成为云南茶产业经济可持续发展不可或缺的重要部分，更与云南广大茶区社会经济和谐发展休戚相关。但是，就在普洱茶崛起并迅速发展的十余年间，其质量安全则不时受到负面的冲击，有的甚至被肆意夸大、曲解。这不仅与普洱茶所倡导的"健康、绿色"的品质特征相悖，更对普洱茶产业发展造成了严重的消极影响。因此，普洱茶的"安全性"问题受到了人们的高度重视。

（一）普洱茶安全危害因子来源

1. 重金属元素污染

茶树生长的土壤对茶叶的质量安全有十分重要的影响，如果茶树生长的土壤中有害元素的含量较高或者受到铅等重金属的污染，那么茶叶中很可能残留高含量的重金属元素。因此，茶树生长的产地在一定程度上也会影响茶叶的质量安全。

2. 其他化学元素

（1）氟。

茶叶中的氟主要来自土壤，土壤酸性大时茶树叶中的氟含量高，茶树吸收氟的多少与土壤中的阳离子有关。目前对黑茶中的氟元素引起氟中毒的现象等进行了较多的研究，但对普洱茶中氟含量情况以及长期大量饮用含氟普洱茶可能引起的潜在风险研究较少，且不系统。目前有研究结果表明，茶树本质上是一种氟高富集的山茶类植物，富集的能力大约是其他山茶类植物的几十倍甚至百倍。氟是保证人体健康必不可少的重要元素之一，其主要通过饮水和饮食进入人体，适量的氟有助于保证人体的健康，但当环境系统（水体和土壤）中易被人体吸附的氟过多时，极有可能导致人体氟中毒现象的发生。摄入过量的氟对人体有害，会导致慢性氟化物中毒，主要临床表征为出现氟斑牙和慢性氟骨病。另外，如果空腹摄入大量的氟，会引起急性肠胃黏膜出血，出现四肢抽搐等中枢神经症状。

（2）铝。

偏酸性富铝的土壤是最适合茶树生长的环境，但是在全球土壤酸化的严峻背景下，酸化的土壤往往会成为牵动土壤养分恶化的起因。对植物而言，铝毒最有害影响是抑制根的生长。许多研究表明，铝毒会迅速影响根的伸长，铝毒会导致根生长和功能受到抑制，最终降低农作物的产量。较低浓度的铝可诱导茶树的枝条和根的生长，而较高浓度的铝会随叶片和茎的成熟而增加。虽然茶树自身属于耐铝聚铝植物，一旦土壤酸化严重将导致过量的铝在茶树体内积累，就会对植物产生毒害。铝在茶树叶片中的富集会在一定程度上增加铝进入人体的风险，泡茶过程中会释放更多铝，进而进入人体造成铝元素的滞留，影响身体健康，即使在食品安全方面这也是一个亟待解决的问题。

研究表明，不同普洱茶产品的可溶性氟和铝元素含量变化都很大，可溶性氟和铝元素的变化范围在 $39.05\sim112.71$ 毫克/千克和 $245.43\sim991.45$ 毫克/千克。

3. 农药残留

农药，是指农业上用于防治病虫害及调节植物生长的化学药剂，广泛用于农林牧业生产、环境和家庭卫生除害防疫、工业品防霉与防蛀等。农药品种很多，按用途主要可分为杀虫剂、杀螨剂、杀鼠剂、杀线虫剂、杀软体动物剂、杀菌剂、除草剂、植物生长调节剂等。下面介绍部分农药在普洱茶中的残留限量。

（1）溴氰菊酯。

溴氰菊酯为广谱性拟除虫菊酯类杀虫剂。英文名称为 Deltamethrin，别称"敌杀死""凯安宝""凯素灵"。它是目前最高效的杀虫剂，以触杀和胃毒作用为主，对害虫有一定的驱避与拒食作用。溴氰菊酯为中等毒杀虫剂，对人的皮肤及眼黏膜有刺激作用，对人、畜毒性中等。《地理标志产品普洱茶》（GB/T 22111—2008）规定溴氰菊酯应不高于5.0毫克/千克，欧盟要求不高于5.0毫克/千克。

（2）氯氰菊酯。

氯氰菊酯英文通用名称为 Cypermethrin，中文别称为"灭百可""兴棉宝""安绿宝""赛波凯"奋斗呐，具有触杀和胃毒作用。该药残效期长，正确使用时对作物安全。氯氰菊酯为中等毒性杀虫剂，对鱼类毒性高，对鸟类毒性低，对蜜蜂、蚕剧毒。未见慢性蓄积及致畸、致突变、致癌作用。《地理标志产品普洱茶》（GB/T 22111—2008）规定氯氰菊酯应不高于0.5毫克/千克，欧盟也要求不高于0.5毫克/千克。

（3）联苯菊酯。

联苯菊酯为除虫菊酯类杀虫剂，英文通用名称为 Bifenthrin，别名为"氟氯菊酯""天王星""虫螨灵""毕芬宁"，具有触杀和胃毒作用，兼具驱避和拒食作用，无内吸和熏蒸活性。其作用迅速，持效期长，杀虫谱广，在土壤中不移动，对环境较为安全，残效长。联苯菊酯毒性为中等毒性，对人、畜、蜜蜂毒性中等，对鱼、家蚕毒性很高，无致畸、致癌、致突变作用。《地理标志产品普洱茶》（GB/T 22111—2008）规定联苯菊酯应不高于5.0毫克/千克，欧盟要求不高于5.0毫克/千克。

（4）氯菊酯。

氯菊酯，英文通用名称为 Permethrin。氯菊酯为高效、低毒杀虫剂，属神经毒剂，原来可用于防茶树害虫，目前在茶树上限制使用，出口欧盟的茶叶禁止使用。《地理标志产品普洱茶》（GB/T22111—2008）规定氯菊酯应不高于20毫克/千克，欧盟要求低于0.1毫克/千克。

（二）普洱茶质量与安全控制

加强普洱茶安全性评价，能够有效促进解决农残超标、重金属污染、真菌毒素污染等限制我国茶叶出口的问题。

1. 普洱茶质量与安全现状

按茶叶质量安全的要求，客观分析、评价普洱茶质量安全现状，其结果总体是好的，且质量安全呈稳中有升的态势。生产普洱茶的原料安全性有保障。云南茶区主要分布于山区，且多远离市区和污染源，自然环境优越；加之，茶区群众在茶园管理方面有少用或不用农药、化肥的习惯。特殊的环境条件和已形成的传统生产方式，使得普洱茶原料在农药残留、有害重金属、有害微生物等方面，得到了最大限度的控制与限制，进而使普洱茶原料的安全性得到充分保障。专业人士对普洱茶质量安全所开展的研究的结果，在一定程度上也为普洱茶的安全性提供了科学依据。而在客观分析评价时也清楚地看到，普洱茶的产销虽具有悠久的历史，但受传统观念的束缚和影响，在普洱茶崛起的初期，极少开展对其质量安全的研究与评价工作，相关报道罕见且宣传面窄，故人们不了解、不清楚，会质疑"普洱茶质量安全"，甚至无法辨明有关言论的真伪。缺乏相关的对普洱茶安全性全面、系统评价的科学翔实信息，使得普洱茶可能存在的质量安全问题或被断章取义，或以讹传讹，或任意炒作，结果使普洱茶质量安全在一定时间、一定范围内受到了普遍怀疑。所谓"谣言止于智者""事实胜于雄辩"，开展普洱茶质量安全研究与科学评价，对普洱茶的健康发展尤显重要。

2. 普洱茶质量与安全控制措施

围绕普洱茶的安全卫生问题，为保证普洱茶产品在生产、加工、贮藏、流通中的卫生，必须采取一系列措施来确保普洱茶产品的卫生安全，保证普洱茶产业健康发展。这一系列措施包括全程控制普洱茶生产卫生，对普洱茶生产技术领域研究及成果进行推广应用，如无公害茶、有机茶、绿色食品茶、危害分析与关键控制点（HACCP）、良好生产规范（GMP）系统的推广应用；制定和实施相关法律法规及标准体系，如制定和实施《中华人民共和国食品安全法》、食品卫生标准、茶叶卫生标准、普洱茶卫生质量标准，建立普洱茶产品质量检测监督体系，对普洱茶产品进行安全性评价等内容。

下述安全措施的实施有助于降低普洱茶质量安全风险。

a. 规范普洱茶加工工艺，实现清洁化加工。

b. 实施危害分析与关键控制点。

c. 严格执行 SC 食品生产许可制度。

d. 立足无公害普洱茶生产，大力发展绿色普洱茶和有机普洱茶。

e. 严格遵循《中华人民共和国食品安全法》。

（三）普洱茶安全性评价

普洱茶的安全隐患主要源于生产和存放环节。普洱茶安全生产要求普洱茶在茶园管理、生产加工、贮藏和流通的过程中，采取必要的措施确保普洱茶制品安全可靠、健康无害并且适合人类饮用。一方面强调其生产、加工、贮藏、流通中的卫生可靠，普洱茶产品中不得检出剂量超过阈值的可能损害或威胁人体健康的有毒、有害物质；另一方面强调在日常品饮中，其内含成分的含量对人体不具有毒理学伤害性，使消费者做到饮用方式合理、饮用量适当等。

普洱茶作为我国传统饮品，已有较久的安全饮用历史，目前尚没有相关的流行病学调查及食用毒害事例报告。多方面的研究表明，普洱茶水浸出物从急性毒角度来看，应用安全性是很高的。普洱茶中的常规成分，如咖啡因、多酚类等都已有较明确的毒性研究报道。按照《临床前研究指导原则汇编》规定，茶褐素类物质属于实际无毒级物质。

虽然大量研究结果和流行病学统计结果均表明饮用普洱茶是安全的，但是普洱茶产业的发展并非一帆风顺，曾多次受到卫生安全问题的冲击。表 3-2 列出了几种不同标准下的普洱茶安全性指标要求，表 3-3 为普洱茶农药残留指标对照、检测限与试验数据比较情况。对比两个表格的数据可知饮用普洱茶几乎不存在安全风险。

表3-2　普洱茶安全性指标（标准对照）

序号	项目	单位	安全性指标要求					
			DB 53/103—2003	GB/T 22111—2008	NY 5244—2004	GB 2763—2021	GB 2762—2022	欧盟农残限量标准
1	铅（以Pb计）	毫克/千克	≤5.0	≤5.0	≤5.0	—	≤5.0	—
2	稀土	毫克/千克	≤2.0	≤2.0	—	—	≤2.0	—
3	氯菊酯	毫克/千克	≤20	≤20	—	—	—	≤0.1
4	联苯菊酯	毫克/千克	≤5.0	≤5.0	≤5.0	—	—	≤5.0
5	氯氰菊酯	毫克/千克	≤0.5	≤0.5	≤0.5	≤20	—	≤0.5
6	溴氰菊酯	毫克/千克	≤5.0	≤5.0	≤5.0	≤10	—	≤5.0
7	顺式氰戊菊酯	毫克/千克	≤2.0	≤2.0	—	≤2.0	—	—
8	氟氰戊菊酯	毫克/千克	≤20	≤20	—	≤20	—	≤0.1
9	乐果	毫克/千克	≤0.1	≤0.1	≤0.1	—	—	≤0.05
10	六六六（HCH）	毫克/千克	≤0.2	≤0.2	—	≤0.2	—	≤0.2

（续）

序号	项目	单位	安全性指标要求					
			DB 53/103—2003	GB/T 22111—2008	NY 5244—2004	GB 2763—2021	GB 2762—2022	欧盟农残限量标准
11	敌敌畏	毫克/千克	≤0.1	≤0.1	≤0.1	—	—	≤0.1
12	滴滴涕 (DDT)	毫克/千克	≤0.2	≤0.2	—	≤0.2	—	≤0.2
13	杀螟硫磷	毫克/千克	≤0.5	≤0.5	≤0.5	≤0.5	—	≤0.5
14	唑硫磷	毫克/千克	≤0.2	≤0.2	≤0.2	—	—	≤0.2
15	乙酰甲胺磷	毫克/千克	≤0.1	≤0.1	—	≤0.1	—	≤0.1
16	大肠菌群	MPN/100 g*	≤300	≤300	≤300	—	—	—
17	致病菌（沙门氏菌、志贺氏菌、金黄色葡萄球菌、溶血性链球菌）	—	不得检出	不得检出	—	—	—	不得检出

* 每100克的含微生物的估算值。

表3-3　普洱茶农药残留指标对照、检测限与试验数据比较

单位：毫克/千克

序号	项目	指标			采用试验数据的检测限	试验数据的最小值至最大值（1 260个样品）
		DB 53/103—2003	GB/T 22111—2008	欧盟农残限量标准		
1	氯菊酯	≤20	≤20	≤0.1	0.01	未检出
2	联苯菊酯	≤5.0	≤5.0	≤5.0	0.01	未检出～0.94
3	氯氟菊酯	≤0.5	≤0.5	≤0.5	0.01	未检出～0.14
4	溴氰菊酯	≤5.0	≤5.0	≤5.0	0.02	未检出～0.06
5	顺式氰戊菊酯	≤2.0	≤2.0	—	0.01	未检出～0.36
6	氟氰戊菊酯	≤20	≤20	≤0.1	0.01	未检出～0.3
7	乐果	≤0.1	≤0.1	≤0.05	0.01	未检出
8	六六六（HCH）	≤0.2	≤0.2	≤0.2	0.001	未检出～0.05
9	敌敌畏	≤0.1	≤0.1	≤0.1	0.01	未检出～0.06
10	滴滴涕（DDT）	≤0.2	≤0.2	≤0.2	0.001	未检出～0.198
11	杀螟硫磷	≤0.5	≤0.5	≤0.5	0.02	未检出
12	喹硫磷	≤0.2	≤0.2	≤0.2	0.01	未检出
13	乙酰甲胺磷	≤0.1	≤0.1	≤0.1	0.03	未检出

第二节　普洱茶与微生物

普洱茶是一种生物饮品，也是绝佳的养生妙品。没有微生物就没有普洱茶，更不会有普洱茶的百年沉香。传承千年的普洱茶已经成为享誉世界的云南名片。云南省微生物资源极为丰富，其中不少为世界独有。云南传统发酵食品也是丰富多样的，包括火腿、豆豉、酸牛筋、酸猪血、酸猪皮、酸肉、水腌菜、酸辣椒、酸茶、腌茶、乳扇，以及彝族的辣白酒、纳西族的窨酒、哈尼族的紫米酒、普米族和纳西族的苏理玛酒、藏族的青稞酒、苗族的米酒等。多样化的民族发酵食品得益于云南丰富的微生物资源。现代科学研究证明，微生物是孕育普洱茶的核心要素。

一、微生物概述

（一）微生物的概念

微生物是包括细菌、病毒、真菌以及一些小型的原生生物、显微藻类等在内的一大类生物群体，它个体微小，与人类关系密切。涵盖了有益跟有害的众多种类，涉及食品、医药、工农业、环保、体育等诸多领域。我国教科书将微生物划分为以下 8 大类：细菌、病毒、真菌、放线菌、立克次体、支原体、衣原体、螺旋体。有些微生物是肉眼可以看见的，像属于真菌的蘑菇、灵芝、香菇等，有的微生物是由核酸和蛋白质等少数几种成分组成的"非细胞生物"。

（二）微生物的特性

微生物难以用肉眼看清，因而具有以下共性：形体微小、结构简单；生长繁殖迅速、容易变异；种类繁多、分布广泛。

1. 个体微小、结构简单

微生物大小多以微米（1×10^{-6} 米）或纳米（1×10^{-9} 米）为

单位，如大肠杆菌（Escherichia coli，简写 E. coli）只有 1～2 微米长，个体微小，需要使用显微镜才能看见，这也是微生物无处不在但不能轻易被发现的原因。

微生物结构简单，既包含原核生物，也包含真核生物；既有单细胞生物或简单的多细胞生物，也有非胞生物。

2. 生长繁殖迅速、容易变异

微生物个体微小，比表面积大，与外界接触和进行物质、信息交流的面积大，这为微生物进行旺盛的代谢和活跃的生长繁殖奠定了物质和结构基础。如大肠杆菌每 20 分钟就可分裂繁殖 1 次。

微生物生长迅速，短时间内就可以繁殖出大量后代，因此即使变异的频率极低，也很容易获得数量较多的变异后代，如病原微生物可在较短时间内获得较强的耐药性，因此微生物可以迅速适应地球上复杂多变的自然环境。人们可以利用微生物容易变异的特性，通过筛选、诱变某些高产菌株，快速获得有用的代谢产物，满足生产的需要。

3. 种类繁多、分布广泛

微生物的种类极为丰富，目前已确定的微生物总数在 20 万种左右，但是据估计仅有不到 1% 的微生物被人类发现和研究，绝大部分微生物受目前的研究手段和分离培养技术的限制，不能获得纯培养，因此还未被研究。

微生物是地球上分布最为广泛的生物，从高山、平原、沙漠到沼泽、湖泊、河流、海洋，从冰川、雪山到高温热泉，甚至南北极的冰川、盐湖，高空的大气对流层，动植物和人体表面及某些内部器官等都有分布。几乎地球上一切有生命的环境，都可以发现微生物的存在。

（三）微生物的有益作用

大多数已发现的微生物对人类无害，甚至有益。微生物对人类的作用大致体现在以下几个方面。

1. 微生物与地球物质循环

生物在生长生活过程中必须不断从环境中摄取各种营养元素才能维持正常的生长、发育和繁殖。但是地球上碳、氢、氧、氮、磷、硫等元素的贮藏量是有限的，而生命的生长、延续和发展却是无穷的，两者之间的矛盾只有通过自然界物质的不断循环转化才能解决。微生物作为地球上有机质的重要分解者，源源不断地把各种生物体的残骸分解为各种植物可以吸收的矿物元素返回自然界，与生产者——绿色植物一起推动着地球生物圈的物质循环，使生态系统保持平衡。

2. 微生物与人类健康

正常情况下，健康的人和动物体表及体内，如口腔、呼吸道、消化道和泌尿生殖道等都生活着特定种类和数量的微生物，它们是人体的正常菌群，它们所处的环境正常的微生物区系。人体正常的微生物区系可在一定程度上抑制和排斥外来微生物的生长和病原微生物的侵入以及"定居"，因而对人体具有一定的保护作用，同时还可为人体提供一些人体自身不能合成的维生素等。在人体内生活的微生物数量可能超过了人体的细胞总数。

如果由于某些原因，如长时间连续服用抗菌药物，或气候、水土及食物条件的突然变化等，造成人体正常菌群种类变化或数量的减少，就会破坏人体与正常微生物区系的平衡，导致病原微生物入侵或某些类群的人体共生微生物大量增殖引起疾病发生。

3. 微生物与食品

微生物在食品加工中应用极为广泛，在酿酒，制作面包，制作传统调味品，如酱油、面酱、豆瓣酱、豆豉、泡菜、发酵酸奶等食品的生产加工中都具有重要作用。另外，微生物在氨基酸、黄原胶等的生产上也应用广泛。在普洱茶、康砖茶、茯砖茶、六堡茶和云南少数民族地区的酸茶、腌茶等发酵茶的加工中微生物也发挥了重要作用。

4. 微生物与医药

微生物在现代医药生产中占据重要地位。从 1928 年弗莱明发现青霉素以来，抗生素工业高速发展，应用范围日益扩大，可以说抗生素是现代医药体系中最重要的成员之一，目前仍有很多抗生素的生产是通过微生物发酵完成的。除了抗生素，一些核苷酸、维生素、人体必需氨基酸、医用酶制剂、免疫调节剂等也都是通过微生物发酵生产的。

5. 微生物与工业

酒精、甲醇、丙酮、醋酸、环氧乙烷、环氧丙烷、脂肪酸、柠檬酸、乳酸、氨基酸以及某些高聚合物如聚羟基丁酸酯、生物塑料等多种重要的工业原料和溶剂均可利用微生物来发酵生产，微生物在现代工业生产中占据着重要的地位。

6. 微生物与农业

（1）微生物农药。

自然界中存在着许多对害虫有致病作用的微生物，利用这种致病性来防治害虫是一种有效的生物防治方法。部分微生物可产生具有较强抗菌活性的次级代谢产物，可专一地高效杀灭农作物病原微生物，防治经济作物病害。微生物农药与化学农药相比，具有防治对象专一、选择性高、易降解、对生态环境影响小等特点，在农业病虫害的防治中具有广泛的应用开发前景。如苏云金芽孢杆菌（Bacillus thuringiensis）产生的伴孢晶体蛋白，可作用于鳞翅目、双翅目和鞘翅目中一些种类的幼虫，但对其他生物无害，不会造成环境污染。而白僵菌（Beaveria bassiana）则可以大面积防治松毛虫、玉米螟、稻叶蝉等农林业害虫，而对生态环境的影响较小。

（2）微生物肥料。

微生物肥料又称"生物肥料""接种剂"或"菌肥"（Bacterial manure）等，是指以微生物的生命活动为核心，使农作物获得特定的肥料效应的一类肥料制品。微生物肥料和微肥有本质的区别：前者是活的生命，而后者是矿质元素。微生物资源丰富，种类和功能繁多，可以开发成不同功能、不同用途的肥料。而且微生物菌株可以经过人工选育并不断纯化、复壮以提高其活力，特别是随着生物技术的进一步发展，通过基因工程方法获得所需的菌株已成为可能。微生物肥料具有持续时间长、不会导致污染、利用率高、不影响土壤物理状态等特点，在绿色农业的发展中具有重要意义。

（3）微生物饲料。

微生物饲料是以微生物、复合酶为生物饲料发酵剂菌种，将饲料原料转化为集微生物菌体蛋白、生物活性小肽类氨基酸、微生物活性益生菌、复合酶制剂为一体的生物发酵饲料。该产品不但可以补充常规饲料中容易缺乏的氨基酸，而且能使其他粗饲料原料营养成分迅速转化，达到增强消化吸收利用的效果。发酵饲料可利用微生物的代谢作用，分解各种秸秆类饲料中的难溶生物大分子，提高饲料的营养价值和适口性。微生物来源的酶制剂、抗生素类、氨基酸类、维生素类等饲料添加剂也是微生物饲料的重要组成部分。微生物饲料可调节动物的正常菌群，提高动物免疫力；同时，还具有成本低廉、物质转化吸收快、经济效益高等特点。

7. 微生物与能源

由于能源危机，人们对微生物能源日益关注。微生物能源主要有甲烷、酒精生物柴油和氢能等。甲烷产生菌可通过厌氧发酵，把复杂有机物转化为可燃烧的甲烷。除矿物油和木质素，几乎所有的有机物包括人畜粪便、作物秸秆、杂草、水藻以及各种富含有机质的垃圾、工业废物等都可用来进行沼气发酵。沼气发酵，不仅可以提供燃料，还可有效处理各种垃圾，清洁、改善环境。

为了缓解石油紧缺，人们开始大量用以甘蔗、粮食为原料，通过微生物发酵生产出酒精来代替汽油。而以地球上最为丰富的有机物——植物秸秆等纤维素为原料生产的酒精具有成本低廉、不影响粮食安全的特点，具有更广阔的开发前景。利用可大量产生油脂的产油微生物生产生物柴油，它们不占用耕地、生长迅速，生产出的生物柴油具有植物油脂所不可比拟的优点，因此微生物油脂可能是未来生物柴油的重要发展方向。氢气产生菌可用于氢燃料的研发，与化学方法相比，微生物制氢不需要消耗大量的矿物资源，也不会产生污染物破坏环境，因此备受关注。

8. 微生物与石油

原油开采中，经过一次和二次这两次常规采油之后，仍有近 $60\%\sim70\%$ 的地下原油不能采出。许多微生物能把长链烃降解为短链烃并能产生生物表面活性剂，使石油黏滞性减小，改善原油流动性，可显著提高出油率。因此，利用微生物可以进行第三次采油，经微生物发酵后，油井内气压会上升，出油率可提高近 4 倍。

9. 微生物与环境保护

现代科技、工业迅猛发展的同时，环境污染也日趋严重。如废水、废气、废料等对地球水源、大气、土壤的污染，石油渗漏对海洋的污染等。这些污染已经引发了极为严重的后果，如大气污染引起的酸雨、温室效应，水体污染导致的水生动物大量死亡，人类的健康状况日益恶化等。在污水的生物学处理过程中，微生物起着特别重要的作用，它们能将水体中的含碳有机物分解成 CO_2、H_2S、CH_4 等气体，将含氮有机物分解成氨、硝酸、亚硝酸和氮，能使汞、砷等对人类有毒的重金属盐在水体中进行转化，使大分子的难溶有机物分解为小分子物质，以便于回收或除去，还可使许多病原性微生物因不适应环境而死去。

10. 微生物与科学研究

在生命科学的发展中，许多生命现象的生理机制都是在研究微生物的生命活动中首先被阐明的。如德国学者爱德华·比希纳（Eduard Buchner）1897 年通过酵母无细胞培养液可转化葡萄糖产生酒精和 CO_2 的研究，阐明了生物体内的糖酵解途径，从而奠定了近代酶学的基础；弗雷德里克·格里菲斯（Frederick Griffith）1928 年用肺炎链球菌（Streptococcus pneumoniae）的转化实验证明了 DNA 是生物遗传的物质基础；1961 年，法国科学家莫诺（J. L. Monod）与雅可布（F. Jacob）对 E. coli 乳糖操纵子的研究，为基因表达调控开创了先例。以 DNA 重组为标志的生物技术的兴起，也是首先用微生物作为实验材料实现的。微生物的多样性，归根到底是基因的多样性，它为生命科学提供了丰富的基因库，为人类了解生命起源和生物进化提供了绝好的证据。微生物作为研究生命本质的重要材料将继续发挥不可替代的作用。

二、普洱茶加工过程中的微生物

（一）普洱茶加工过程中的微生物来源

从目前分离鉴定结果看，普洱茶发酵过程中有多种微生物参与，但优势菌以黑曲霉、酵母等真菌类为主。参与普洱茶（熟茶）发酵的微生物主要有三个方面的来源，一是晒青毛茶，二是加工环境，三是人工添加。

1. 晒青毛茶

晒青毛茶上的微生物，可能来自于茶树植物的内生菌，或者来自鲜叶生长、采摘、加工、运输等环节，空气、土壤、运输工具甚至加工人员都可能使得晒青毛茶附着上不同的微生物。

2. 加工环境

微生物无处不在，加工环境可以说是一个巨大的微生物储藏库，尤其是曲霉、青霉等丝状真菌和芽孢杆菌等在自然界的分布极为广泛，土壤和空气中均有大量存在。因此从普洱茶固态发酵到成品包装储运的各个环节，地面、空气、人体表面等处的微生物都可通过不同方式传播，最终附着于晒青毛茶，参与普洱茶固态发酵，并在适宜条件下成为优势菌，对普洱茶品质形成起到重要作用。同时，环境微生物还可传播到普洱茶成品中，在普洱茶的包装、储运及陈化过程中生长繁殖。

3. 人工添加

随着对普洱茶发酵机理的进一步研究，人们对微生物在普洱茶品质形成中的作用有了更加深入的认识，并开始了普洱茶的控菌发酵，即人为添加微生物以加快普洱茶发酵过程，提高普洱茶品质。周红杰研究组通过多年的研究，掌握了一系列接种有益微生物菌种、缩短普洱茶发酵周期、提升普洱茶风味品质的关键技术。

（二）普洱茶加工过程中的微生物类型

1. 主要优势细菌

自 1985 年陈宗道等开始研究普洱茶中的微生物以来，已经证实细菌、酵母、霉菌和放线菌都参与了普洱茶的发酵。然而前期由于研究方法的限制，细菌方面的研究相对较少。王辉、邓秀娟、骆爱国等通过高通量测序等方法相继从普洱茶发酵过程中检测到芽孢杆菌属、克雷伯菌属、短杆菌属、假单胞菌属、欧文菌属、无色杆菌属、类芽孢杆菌属、鞘氨醇杆菌属、葡萄球菌属等属优势细菌。周红杰研究组对普洱茶发酵过程中细菌群落结构及动态变化规律的研究结果表明，普洱茶发酵中的细菌多样性指数以原料为最高，发酵前期多样性指数下降明显，发酵中后期逐渐趋于稳定。整体细菌结构丰富，发酵前期以欧文菌属、泛菌属和假单胞菌属为主，而发酵中、后期芽孢杆菌属、葡萄球菌属、短杆菌属、考克菌属及短状杆菌属作为优势菌群稳定存在。发酵过程中，短杆菌属、芽孢杆菌属、乳杆菌属等含量整体上呈现增加趋势，而片球菌属、鲸杆菌属、欧文菌属和特布尔西菌属等含量则整体呈现减少趋势。

2. 主要优势真菌

普洱茶发酵过程中的真菌主要来源于原料及环境，研究表明不同发酵原料或发酵环境甚至同一发酵阶段不同层间普洱茶样品中真菌群落结构及变化都存在一定的差异性，但仍存在以下共性。

在普洱茶的整个发酵过程中，原料中的真菌类群是最丰富的，多样性指数最高，随发酵进行中茶堆温度、湿度、pH、营养物质含量等发酵条件的变化，优势真菌如曲霉属、芽生葡萄孢酵母属、根毛霉属、嗜热丝孢菌属等大量繁殖生长。真菌类群逐渐呈现集中性的趋势，导致发酵过程真菌多样性指数逐渐下降。

关于属水平上优势真菌的变化目前还存在一些争议，有研究推测这可能与发酵原料及环境差异有关。多数研究表明，曲霉属是普洱茶发酵过程中的绝对优势菌属，发酵前、中期甚至整个发酵过程均以曲霉属为最优势真菌，根毛霉属、青霉属、德巴利酵母属、假丝酵母属、芽生葡萄孢酵母属等优势菌属仅在发酵过程中的部分阶段相对含量较高，其中德巴利酵母属、假丝酵母属、芽生葡萄孢酵母属等酵母类菌属多在发酵后期相对含量较高。也有研究报道认为，在发酵前期，曲霉属逐渐成为最优势菌属；在发酵后期，随着温湿度及 pH 等条件的变化，酵母类的芽生葡萄孢酵母属逐渐成为最优势真菌。另外还有少部分研究报道认为，芽生葡萄孢酵母属在整个发酵过程中都占据优势。周红杰研究组通过高通量测序方法分析两批普洱茶发酵过程中真菌群落结构及动态变化规律，结果表明，嗜热真菌、埃默森蓝状菌、食腺嘌呤芽生葡萄孢酵母等真菌菌属整体呈现增加趋势，而青霉属、辣椒曲霉、拟平滑念珠菌、原花青霉、微小根毛霉等真菌菌属则整体呈现下降趋势。

三、微生物与普洱茶品质的关系

普洱茶整个加工和贮藏过程，涉及的微生物种类繁多，它们发挥的作用也各不相同。

如多酚氧化酶催化茶多酚，促使其含量降低，茶褐素含量增加。纤维素酶、果胶酶、糖化酶等水解纤维素、果胶、淀粉等，增加茶汤甜醇度。同时，微生物自身物质或微生物产生的很多次级代谢产物，也会影响普洱茶的风味特征。如酵母等微生物富含十多种氨基酸、肽及呈味物质，滋味鲜美，是天然的调味品。在发酵过程中，可以增加普洱茶的香气和滋味，形成特殊风味。

微生物发酵过程还能增加普洱茶的营养功效，使得普洱茶营养物质的来源更加多样，养生物质更加丰富且协调。酵母等微生物含有极丰富的蛋白质，具有人体必需的 8 种氨基酸、B 族维生素、维生素 D、凝血质、谷胱甘肽和核糖核酸等，增加了普洱茶的营养成分和保健功效，甚至使普洱茶具有某些独特的保健功效。此外，普洱茶中存在对人体有益的微生物，如地衣芽孢杆菌和枯草芽孢杆菌；这些菌体到达肠道定殖，能够分泌蛋白酶、脂肪酶、淀粉酶帮助人体消化，同时产生抗菌物质及建立肠道黏膜屏障来抑制有害菌生长，维持肠道生态平衡。

（一）曲霉属与普洱茶

1. 黑曲霉（Aspergillus niger）

黑曲霉，半知菌亚门，丝孢纲，丝孢目，丛梗孢科，曲霉属真菌中的一个常见种。广泛分布于世界各地的粮食、植物性产品和土壤中。是重要的发酵工业菌种，可生产淀粉酶、酸性蛋白酶、纤维素酶、果胶酶、葡萄糖氧化酶、柠檬酸、葡糖酸和没食子酸等。有的菌株还可将羟基孕甾酮转化为雄烯。生长适温 28 ℃左右，最低相对湿度为 88%，能引致水分较高的粮食霉变和其他工业器材霉变。

2. 米曲霉（Aspergillus oryzae）

米曲霉菌落生长快，10 天直径可达 5～6 厘米，质地疏松。初呈白色、黄色，后转黄褐色至淡绿褐色，背面无色，分布甚广，主要存在粮食、发酵食品、腐败有机物和土壤等处。是我国传统酿造食品酱和酱油的生产菌种。也可生产淀粉酶、蛋白酶、果胶酶。普洱茶发酵过程中，在淀粉酶的作用下，将原料中的直链、支链淀粉降解为糊精及各种低分子糖类；在蛋白酶的作用下，将不易消化的大分子蛋白质降解为蛋白胨、多肽及各种氨基酸；在果胶酶、糖化酶、纤维素酶的作用下，将发酵基质中的大分子不溶物质转化为可溶解于水的小分子物质。普洱茶大生产过程中，该菌系分泌酶类作用于茶叶基质，对普洱茶的品质形成具有良好的作用。

（二）酵母属与普洱茶

1. 瓶形酵母属（Pityrosporum）

瓶型酵母属具有降解苯酚的能力，其细胞体积较大，沉降性能好，能生产单细胞蛋白（SCP），增加发酵机质的营养价值。

2. 粟酒裂殖酵母（Schizosaccharomyces Pombe）

粟酒裂殖酵母在菊芋制成的未水解的糖液中发酵，能获得高产量的酒精。

3. 毕赤酵母（Pichia pastoris）

毕赤酵母是从普洱茶大生产新工艺加工过程中分离出来的。它能利用发酵基质来生产单细胞蛋白、有机酸，如苹果酸和甘露聚糖等，并且耐酒精，能使其氧化为其他有机物质，有利于普洱茶品质的形成。

（三）木霉属与普洱茶

1. 绿色木霉（Trichoderma viride）

绿色木霉在普洱茶发酵过程中对普洱茶"醇和"品质的形成具有重要的意义。

2. 康氏木霉（Trichoderma koningii）

康氏木霉可分泌纤维素酶，对茶叶中的纤维素有较强分解能力。

四、有益微生物的应用

（一）有益微生物的概念

自古以来，微生物就与人类的生产、生活息息相关。在古代，人类在酿酒、制作酱菜、医药等多个领域利用微生物。公元前4000至前3000年，埃及人已经开始利用微生物酿酒；而早在2 000多年前，我们的祖先也开始利用微生物制作酱油、豆酱、腐乳和食醋等。随着科学技术的进步以及微生物学和发酵工程等的进一步发展，人们对微生物的认识日益深入，对微生物的利用也更为广泛。

有益微生物是指其存在和增殖对宿主、生态系统、环境等具有良性作用且不存在致病或条件致病性的微生物。通常，对这些有益微生物的应用强调其对主体目标生物体的作用和功能，如人和动物肠道内的双歧杆菌、乳酸杆菌，豆科植物的根瘤菌，海水养殖环境中的枯草杆菌、光合细菌、硝化细菌等。

一般认为，在普洱茶固态发酵过程中，有益微生物产生柠檬酸等有机酸和多酚氧化酶、纤维素酶、果胶酶等多种胞外酶，促使茶叶成分转化，形成茶叶品质风味；同时微生物产生很多次级代谢产物，可增加有益物质，形成茶叶的风味品质和增强茶叶保健功效物质。如云南大叶种晒青毛茶在多种有益微生物的作用下，发生了品质与功效的系列变化，实现了有效物质的小分子化，增强了滋味口感与保健功效。

（二）有益微生物发酵剂

发酵剂是指生产干酪、奶油、酸乳制品及其他发酵产品所用的特定微生物的培养物（如乳杆菌、乳球菌、双歧杆菌、酵母菌、曲霉菌、乳霉菌等）。茶叶发酵剂是指在茶叶生产和发酵过程中起有效作用的微生物培养物（如黑曲霉发酵剂、酵母发酵剂、木霉发酵剂等）。

发酵剂添加到产品中（接种到处于处理过程中的原料中），在控制条件下繁殖、发酵，微生物产生一些能赋予产品酸味、滋味、香味、黏稠度等特性的一些物质。本书分析了云南农业大学周红杰教授团队普洱茶课题研究组研发、申请并获得了专利权保护的部分普洱茶发酵剂的情况，见表3-4。

表3-4　部分有益菌与普洱茶品质

菌种名称	发酵剂	感官审评
黑曲霉 (Aspergillus niger)	PAsp0501	汤色红浓明亮，滋味醇厚甘滑，香气陈香独特显木香，叶底红褐
酿酒酵母 (Saccharomyces cerevisiae)	PSac0501	汤色红浓明亮，滋味醇和回甘，香气陈香独特透花果香，叶底红褐匀亮
绿色木霉 (Trichoderma viride)	Ptri0501	汤色红浓明亮，滋味醇厚回甘，香气陈香独特带花香，叶底红褐匀亮
少根根霉 (Rhizopus arrhizus)	Prhi501	汤色红褐透亮，滋味味醇和滑爽，香气陈香，叶底红
褐紫色红曲霉 (Monascus purpureus Went)	Pmon1001	汤色红浓明亮，滋味醇厚甘滑，香气馥郁带独特曲香，叶底褐红软亮

普洱茶自然发酵体系是一个由混合菌群参与的综合发酵体系，

微生物在普洱茶发酵过程中，各处其位，各司其职，共同完成了普洱茶微生物固态发酵的过程。研究微生物混合发酵剂，就是模拟普洱茶传统发酵模式，将普洱茶发酵过程中的部分优势有益菌进行单独鉴定、分离和扩繁，然后按照一定的数量比进行混合，从而创制出用于普洱茶发酵的微生物混合发酵剂。发酵微生物之间的生活习性不同，微生物为了竞争生态位，通过分解和合成代谢生成一些物质，分泌一些信息物质，彼此间起到相互生长促进或生长抑制作用。

在普洱茶自然发酵的各个不同翻堆发酵阶段，随着发酵温湿度以及发酵茶堆微环境的变化，参与普洱茶发酵的各种微生物此消彼长，发酵微生物群落的组成是不同的，参与发酵的优势有益微生物的种类和数量也都存在着差异。由于普洱茶发酵微生物之间存在共生和拮抗等关系，不同发酵阶段微生物的种群和数量存在差异，在研发普洱茶发酵用的微生物混合发酵剂时应考虑所混合的各菌种的生物学特征，尽量做到微生物种类协调、微生物生活习性一致，所研发的在不同发酵阶段添加的微生物发酵剂尽量和传统发酵的微生物比例一致。

推广使用普洱茶微生物混合发酵剂，将有利于创新普洱茶发酵工艺，提高普洱茶发酵效率，保障普洱茶的产品质量，为风味和特色普洱茶产品的开发提供强有力的支撑，代表普洱茶生产发展的未来方向。而且针对人们日益关切的预防高血压、高血脂、抗癌、延缓衰老、保健美容、增强体质等社会重大健康问题，开发出可满足这些社会需求的功能性普洱茶微生物混合发酵剂，变得更加有意义。普洱茶微生物混合发酵剂的推广与应用，不仅能促进企业的技术创新、增强企业的核心竞争力，而且也将促进普洱茶产业由传统生产向现代科技生产转变。

第三节　普洱茶的品质

云南普洱茶品质的形成涉及优质的鲜叶原料、精湛的加工工艺和科学的贮藏环境，这三者是紧密联系、缺一不可的。云南大叶种茶树鲜叶丰富的内含物质为普洱茶品质的形成奠定了基础，属于内因范畴；加工工艺、气候条件、微生物、水分、温度、氧气及光照等因素，对普洱茶加工和贮藏过程中的品质形成有重要影响，属于外因范畴。

一、普洱茶品质概述

（一）普洱茶品质特点

1. 普洱茶（生茶）品质

普洱茶（生茶）的香气以清香为主。研究表明，普洱茶（生茶）香气提取物的评价为头香清香、吡嗪类坚果香、青气和油脂气，带焦苦气；中段似烘青大叶绿茶的特征香，吡嗪类烘烤香明显，有明显苦涩、清凉、收敛感觉；后段略带苔青气和泥腥气；香气强，透发，留香短。普洱茶（生茶）缺少"微生物固态发酵"这一过程，因此，刚生产出的普洱茶（生茶），其芳香物质组成比较接近晒青毛茶。如普洱茶晒青毛茶中含量最高的香气物质为具有花香或果实香的萜烯醇类化合物（如芳樟醇、香叶醇、橙花醇等），其在鲜叶内则是以葡萄糖苷的形式存在的，茶叶经晒青加工后由糖苷酶水解而释放出来。

2. 普洱茶（熟茶）品质

普洱茶国家标准《地理标志产品普洱茶》（GB/T 22111－2008）也对普洱茶（熟茶）的香气进行了规定。普洱茶（熟茶）特级：陈香浓郁；一级：陈香浓厚；三级：陈香浓纯；五级：陈香尚浓；七级：陈香纯正；九级；陈香平和。

普洱茶（熟茶）香气提取物的评价为头段干草气、油脂气、灼烧般气息；中段是药草气、油脂气、菌类的气息；后段是药草气；香气平和，留香短。

（二）优质普洱茶品质标准

合理评估普洱茶的品质，需要从感官品质、理化品质、卫生安全品质等多个方面加以考虑。感官品质主要从茶叶的外形和内质两个方面评价，理化品质主要评估呈味物质的含量高低，卫生安全品质主要从安全角度考虑。从这几个方面出发，提出了优质普洱茶的品质标准供参考。

1. 优质普洱茶感官品质

（1）普洱茶（熟茶）散茶。

普洱茶（熟茶）散茶感官品质的好坏可通过感官来评价，即通过色、香、味、形辨别，其感官标准应符合表3-5的规定。

表3-5　优质普洱茶（熟茶）散茶品质特征

指标		感官要求
外形	条索	紧结、重实或紧实
	整碎	匀整
	色泽	红褐红润
	净度	匀净，可带嫩梗
内质	汤色	红浓明亮
	香气	陈香浓郁或浓厚、浓纯
	滋味	浓醇或浓厚回甘、滑爽
	叶底嫩度	柔嫩或较嫩
	叶底色度	红褐匀亮

（2）普洱紧压茶。

优质的普洱紧压茶的感官标准应符合表3-5和表3-6的规定。普洱紧压茶外形要求平滑、整齐、端正、厚薄匀称。紧压茶按甲、乙、丙规格选择相对应级别普洱散茶，分撒面茶、包心茶，其撒面茶应分布均匀，不起层掉面，包心茶不外露。

2. 优质普洱茶理化品质

普洱茶（熟茶）中含量较高的理化成分主要为茶多酚（平均为13.04%）、水分（平均为10.69%）、茶褐素（平均为9.89%）、总糖（平均为9.60%）、寡糖（平均为3.24%）、多糖（平均为

表 3-6　优质普洱紧压茶规格及品质特征

成品名称	单位	净重/克	形状规格/厘米	色泽	香气	滋味	汤色	叶底
普洱沱茶（熟）	个	100	碗臼状，口直径8.2×高4.3	褐红	陈香浓厚或浓纯	浓醇回甘	红浓明亮	棕红
紧茶（熟）	个	250	长方块15×10×2.2	褐红	陈香浓厚或浓纯	浓醇回甘	红浓明亮	棕红
七子饼茶（熟）	个	357	圆饼形，直径20，中心厚2.5，边厚1	褐红	陈香浓厚或浓纯	浓醇回甘	红浓明亮	棕红
普洱砖茶（熟）	块	250	长方块15×10×3.35	褐红	陈香浓厚或浓纯	浓醇回甘	红浓明亮	棕红
普洱方茶（生）	片	250	正方块10.1×10.1×2.2	乌润	浓醇	浓厚	黄明	黄绿
沱茶（生）	个	100	碗臼状，口直径83，高43	乌润	浓醇	浓厚	黄明	黄绿
饼茶（生）	个	125	圆饼形，直径11.6，边厚1.3	乌润	浓醇	浓厚	黄明	黄绿
方茶（生）	片	125	正方块10×10×2.2	乌润	浓醇	浓厚	黄明	黄绿
青砖（生）	片	200	长方块14×9×2.2	褐绿显毫	浓醇	浓厚	橙黄	黄绿

2.68%)、茶红素（平均为 2.57%）、黄酮类（平均为 2.55%）、总儿茶素（平均为 2.04%）及氨基酸（平均为 1.34%）等。另外两个重要指标是水浸出物（平均为 32.00%）和灰分（平均为 6.50%）。而普洱茶（生茶）中含量较高的理化成分主要为茶多酚（平均含量 26.98%）、水分（平均含量 8.07%）、总儿茶素（平均含量 7.92%）、茶红素（平均含量 7.17%）、茶褐素（平均含量 5.34%）、氨基酸（平均含量 2.08%）及总黄酮（平均含量 1.54%）等。另外两个重要指标是水浸出物（平均含量 42.13%）和灰分（平均含量 5.93%）。通过分析，优质普洱茶的主要理化指标应符合表 3-7 的规定，具备这样理化成分的普洱茶，色、香、味等品质特征也是比较好的。选择这样品质的普洱茶品饮，养生健体就有了物质保障。

表 3-7　优质普洱茶的理化指标

单位：%

项目	普洱茶（熟茶）		普洱茶（生茶）
	散茶	紧压茶	紧压茶
水分	≤11.0	≤11.0	≤12.0
总灰分	≤6.5	≤6.5	≤6.0
粗纤维	≤14.0	≤15.0	
粉末	≤0.8		
水浸出物	≥32.0	≥32.0	≥40.0
茶多酚	≤13.0	≤13.0	≥27.0
茶褐素	≤12.0	≤12.0	≥5.0
茶红素	≥2.5	≥2.5	≥7.0
黄酮类	≥2.5	≥2.5	≥1.5
总儿茶素	≥2.0	≥2.0	≤7.0
总糖	≥9.5	≥9.5	
多糖	≥2.5	≥2.5	

（续）

项目	普洱茶（熟茶）		普洱茶（生茶）
	散茶	紧压茶	紧压茶
寡糖	≥3.0	≥3.0	
氨基酸	≥1.5	≥1.5	≥2.0
咖啡因	<4.0	<4.0	<4.0
没食子酸	≥1.0	≥1.0	

注：引自龚加顺、周红杰《云南普洱茶化学》（2011 年）。

3. 普洱茶卫生安全品质

普洱茶的卫生安全是指普洱茶产品安全可靠，有益健康并且适合人类饮用。普洱茶的安全一方面要强调其在生产、加工、贮藏、流通中卫生可靠，即在普洱茶产品中不得检出有可能损害或威胁人体健康的有毒、有害物质或剂量超过某个阈限值；另一方面还要提倡科学饮用普洱茶，做到饮用方式合理、饮用量适当等。普洱茶卫生品质主要与微生物、农药残留和重金属等相关。

（1）微生物问题。

普洱茶（熟茶）是一种后发酵茶，其加工过程需要大量微生物的参与，在发酵过程中大量的霉菌、酵母菌等参与普洱茶（熟茶）的风味成分以及保健功能成分的形成。然而，如果普洱茶发酵过程中发酵堆温、湿度控制不当或者发酵环境卫生恶劣，出现了烟曲霉、灰绿曲霉等微生物，这些有害微生物则会影响普洱茶的品质安全，可能造成普洱茶不良风味的产生，或影响其他有益微生物正常发挥功能，应该引起企业和消费者的高度重视。研究表明，现在市场上的某些劣质普洱茶（熟茶）产品存在微生物（如大肠菌群）超标的问题。因此，对普洱茶（熟茶）中的微生物加以限制十分必要。

在微生物安全性评价方面，黄峻对 1 260 个普洱茶样品中微生物进行的检验表明，检测的 1 260 个样品中仅有 3.49％检出大肠菌群，未检出沙门菌、志贺菌、金黄色葡萄球菌、溶血性链球菌等致病菌。有研究者认为普洱茶中的微生物主要是有益菌群，可以放心品饮。有研究发现，黑曲霉、酵母属、散囊菌、木霉、根霉、毛霉等微生物在普洱茶发酵过程中可以丰富茶叶成分、增加多种微生物代谢活性产物，这些有益菌群对普洱茶"顺、活、洁、亮"的品质形成有重要意义。

（2）农药残留问题。

农药残留是使用农药后残存于食品中的农药母体、衍生物、代谢物、降解物和杂质的总称，残留的数量称为残留量。许多农药残留是有害物质，在生产和使用中带来了环境污染和食品农药残留问题，当食品中农药残留量超过最大残留限量时，会对人体产生不良影响。茶叶中的农药残留绝大多数是茶农乱用、滥用高毒、高残留的农药造成的。由于不科学地施用农药化肥，农药附着在茶叶的表面，更为严重的是药被吸收，直接进入茶树的根、茎、叶中，进而引起茶叶农药残留量超标等不安全问题。但近年来，随着我国绿色茶叶、有机茶叶的发展，茶叶中农药残留量有明显的下降。

有研究者对云南省 5 个普洱茶主产区的 30 个普洱茶样品进行有机磷农药残留量检测，并未检出国家限制使用的高毒有机磷农药（如甲胺磷、甲拌磷），而个别样品所检出的农药残留量均低于国家及欧盟的限量标准。近年来云南省各级政府以及科研事业单位在推动生态茶园建设和无公害茶、绿色食品茶和有机茶基地建设方面投入了大量的人力财力，这些措施有效地解决了普洱茶原料的农药残留问题。

（3）重金属问题。

重金属问题一直是人们关注的焦点，其中包括铅、铜、汞、镉等的残留。宁蓬勃采集云南省普洱茶主产地的 150 份普洱茶样品，对普洱茶的铅、砷、汞含量进行检测。结果表明，云南相同主产地的生茶和熟茶中铅含量没有显著性差异，目前云南普洱茶质量卫生状况良好。

二、普洱茶品质要素

(一)优质的鲜叶原料

1. 品种

云南大叶种茶树的品种适制性对普洱茶品质的形成具有奠基作用。不同茶树品种的遗传性状有差异,对土壤元素的需求和吸收能力以及其抗逆性、抗病虫害能力、物候期、主要经济性状等也会存在差异,进而导致普洱茶鲜叶原料的主要化学物质(包括多酚类化合物、蛋白质、氨基酸、生物碱、糖类、香气物质、茶色素、维生素等)含量的差异,因此其品质水平也就不一致。

中国云南是茶树的起源中心和原产地,有着世界上最为丰富的茶树种质资源。目前,云南省共选育出国家级良种 5 个、省级良种 28 个、国家植物新品种保护权品种 4 个,此外,还有许多地方品种、选育良种及品系等,其中国家级良种有勐库大叶茶、勐海大叶茶、凤庆大叶茶、云抗 10 号、云抗 14 号。勐库大叶茶的春茶一芽二叶鲜叶含咖啡因 4.06%、茶多酚 33.76%、氨基酸 1.66%,勐海大叶种春茶一芽二叶鲜叶含咖啡因 4.06%、茶多酚 32.77%、氨基酸 2.26%,云抗 10 号春茶一芽二叶鲜叶含咖啡因 4.57%、氨基酸 3.23%、茶多酚 34.95% 等,均较适合制作普洱茶。大叶种与小叶种相比,茶多酚类含量高 5%~7%,儿茶素总量含量高 30%~60%,水浸出物含量高 3%~5%,这都有利于普洱茶"越陈越香"品质的形成。

2. 自然环境

普洱茶树产于澜沧江两岸的原始森林。这里的生态环境仍然保持着原始风貌,树龄超过百年的老茶树数不胜数。由于澜沧江川流不息,湿度较大,这里云雾弥散,人烟稀少,远离城市的喧闹与污染,这些都为普洱茶品质的形成提供了得天独厚的条件。除此之外,树龄较大的古茶树枝干上大多存在各类附生物,比如苔藓、藤蔓、野生菌等,这些生物与古茶树相融共生,久而久之使得采摘的茶叶也带上了特殊的香气与口感。

普洱茶的产区属于亚热带季风气候，年平均气温17～22 ℃，年降水量1 200～1 800毫米，常年气候湿润、日照充足，海拔较高，这些均有利于普洱茶中茶多酚类物质的形成，从而造就了普洱茶独特的口感。普洱茶产区的土壤比较特殊，多为红壤、黄壤、砖红壤等，这类土质多为岩石长期风化而成，有机质含量比较高，排水性、透气性比较好，非常适合茶树的生长。

不仅如此，由于这里古树丛生，其根系往往跟森林中其他古树根系混生，这也就使得普洱茶树自然而然地沾上了一些独特的山野气息。

比如著名的冰岛茶，其生长地为红壤土，土壤矿物质含量高，为冰岛五寨茶树的生长和独特品质的形成提供了天然的物质条件。通过土壤的化验数据分析得出，冰岛茶园土壤中，交换性镁的含量适中，有助于茶叶中叶绿素和类胡萝卜素等物质的形成。丰富的水浸物质保证了冰岛茶醇厚甘甜的口感。

（二）精湛的加工工艺

普洱茶的制作工艺较为繁琐，需经过杀青、揉捻、晒干制成晒青茶，晒青茶经过蒸压，可制成各种形状的紧压茶。将晒青茶渥堆发酵，可制成普洱茶（熟茶）。普洱茶（熟茶）越陈越香，经过缓慢的后发酵，逐步形成普洱茶特有的陈香风格。

（三）科学贮藏

科学贮藏强调的是在合理的光、温、湿等环境条件下对普洱茶进行贮藏，为普洱茶后期陈化和品质提升提供有利条件。

贮藏过程中的陈化是普洱茶发展香气，巩固、完善和提高品质的重要工序。普洱茶贮藏，应保持贮藏室通风、透气、干燥，温度应保持在25 ℃左右，正常情况下，茶叶在存储时香气味道会随着时间发生改变。但若是在高温潮湿、阳光照射的存储情况下，茶叶内含物质会加速变化。若是数量多，可设立仓库进行贮藏，仓库需注意温湿度的控制，有条件、有必要的可在仓库安装温湿度控制装置。

引起茶叶劣变的主要因素有：①光线，②温度，③茶叶水分含量，④空气湿度，⑤氧气，⑥微生物，⑦异杂味。其中微生物引起的劣变受温度、水分、氧气等因子的限制，而异杂味则与贮藏环境有关。无论是什么茶，存储都要遵循九字箴言——避光、防潮、密封、防异味。

第四章　普洱茶市场文化品牌的发展研究

普洱茶既是一个商品品牌,也是一个茶文化品牌。普洱茶文化品牌在生成过程中,整合了地方文化、民族文化和历史文化,并且伴随着特殊的生产工艺、品饮风俗的传播与流变,拓展出越来越广阔的发展空间。基于普洱茶文化品牌的生成历史和发展现状,研究品牌未来培育的理念、空间、方法与路径,将助力普洱茶产业持续健康发展,促进普洱茶产区乡村振兴和文化发展,扩大普洱茶文化品牌影响力。

千百年来,普洱茶文化底蕴的沉淀酿就了独具特色的茶文化内涵,在云茶产业链中打出了响当当的名号。追溯普洱茶文化品牌的生成是挖掘普洱茶文化内涵的有效途径,研究普洱茶文化品牌的现状是促进普洱茶健康科学发展的基础,促进普洱茶文化品牌的培育是推动普洱茶影响力提升的重要抓手。

第一节　普洱茶文化品牌生成的历史过程

2021年7月6日,在云南大学图书馆搜索"普洱",有342个结果,搜索"普洱茶",有115个结果;在中国知网以"普洱"为主题搜索,有20 228个结果,搜索"普洱茶",有10 508个结果;在百度搜索"普洱",有3 980万个结果,搜索"普洱茶",有1亿个结果。大数据时代,图书馆、知网、百度的搜索数字可以在一定程度上反映"普洱""普洱茶"这两个概念,在图书出版领域、学术领域和新媒体领域的文本数量特征。

普洱茶及其相关概念，不仅在文本世界被不断定义、描述和阐释，也在越来越多人的日常生活空间里，伴随着种植、加工、销售、消费的过程，处于不断被多样化言说过程中。普洱茶文化品牌的生成，就是普洱茶不断被言说和传播的历史和结果，普洱茶的故事，在不断的讲述中丰富、深入人心。

一、关于地名

围绕普洱茶原产地的讨论，衍生出很多有一定争议的故事，既有来自汉语文献典范的历史考证，也有从田野调查出发的推测，在不同观点的碰撞中，人们对普洱茶的核心产地逐渐形成共识。一般认为，普洱茶的主产区在西双版纳的"六大古茶山"，即易武、革登、攸乐、蛮砖、莽枝、倚邦，也有"新六大茶山"或"江外六大茶山"之说，即勐宋、南糯、帕沙、贺开、布朗、巴达等澜沧江西岸茶山。人们进而认为，普洱茶得名"普洱"，非因普洱这个地方产茶，而是因为普洱是普洱茶的交易集散之地。云南社会科学院蒋文中通过考证汉文历史典籍，认为普洱茶的产地是以普洱府的治所今宁洱为中心区域，涵盖今西双版纳州"六大茶山"，不赞同"茶叶市场在普洱，由此运出，所以称为普洱茶"的代表性观点。仅仅从汉文典籍中寻找关于普洱茶的文献记录来推演普洱茶得名历史十分困难，但文化争论的过程为普洱茶文化品牌的生成提供了从汉、唐、宋元、明清及至今天的历史言说，推动了普洱茶文化品牌与中华民族整体形成密切关系。

二、关于族名

考察普洱茶主产区各少数民族的文化记忆和口口相传的传统，人们发现在民俗活动和礼仪中也有普洱茶的文化历史，人类学家和民族学家在田野调查中发现了与族群历史息息相关的普洱茶文化。

在云南民间，有很多关于少数民族与普洱茶得名关系的证据。黄桂枢先生考察普洱、西双版纳、临沧一带的佤族、布朗族、德昂族传说和种植、饮用茶叶的习俗后，认为普洱茶得名于"濮茶"，即濮人种植的茶叶，结合今天古树茶分布地区及种植茶叶的民族大多为山区半山区的世居土著民族，既包括民族学上俗称的"百濮"族系佤族、布朗族和德昂族，也有后来迁入原百濮族系居住区域的基诺族、拉祜族、哈尼族等民族，这些民族除基诺族外，都属于跨境民族，民族跨境分布与普洱茶种植区域的跨境分布具有趋同性。濮人种植濮茶的传说在民俗信仰、生活习俗中也有证据。

古茶树分布区域的少数民族，具有独特的历史文化和民俗风情，为普洱茶文化品牌提供了生态、自然、古老的传说空间。

三、关于品名

在普洱茶进行商品贸易往来的过程中，形成了很多著名的茶厂和商号，这些茶叶经销企业也致力于塑造具有标志性和辨识度的商标，并扩大其影响力、美誉度和市场占有份额，从而形成普洱茶文化品牌的系列品名。在商贸过程中，确立了普洱茶松鹤牌下关沱茶、七子饼茶、中茶、号级茶、印级茶等著名品牌。

自清末以来，云南普洱茶外销数量巨大，1933年云南民众教育馆编印的《云南边地问题研究》记载："云南对于康藏一带的贸易，出口货品数量以茶为最大，康藏人民的茶叶消耗能力，可算是世界第一，他们每日三餐，可不能没有茶叶；所以，云南的千万驮的粗茶叶，三分之二以上都往康藏一带销售，普思沿边的产茶区域，常见康藏及中甸阿墩子的商人，往来如织，每年的贸易总额不下数百万元之巨。"由纳西族、白族、藏族、回族和汉族等各民族组成的商号、商帮，经由各条茶马古道，活跃在交通险恶且商品经济相对不发达的青藏高原及其相邻地区，形成了大大小小不计其数的茶庄。1958 年以后，逐渐代之而起的国营茶厂，采用机械设备生产茶叶，产量大大提高。进入 21 世纪以来，云南众多茶叶企业如雨后春笋，纷纷在市场竞争中形成新的商品品牌，比如恢复 1949 年前的同庆号商标，六大茶山、大益等驰名商品。

四、品茗的言说

　　普洱茶品茗的市场消费行为是普洱茶品牌塑造培育商业行为和消费者主观选择共同作用的结果，二者的良性互动是普洱茶文化品牌的生命力所在。

　　2000 年以后，普洱茶热再度兴起，普洱茶消费市场发生新变化，从传统以边销茶、藏销茶为主向东南沿海和京津地区发展，从传统大众消费向高端消费、时尚消费转变，从日常饮品向收藏品、投资品、金融属性商品演变。在消费市场的变迁过程中，普洱茶的品茗方式也呈现多元化的特征。普洱茶的品茗有历史上边疆地区少数民族生态、质朴的山野之风，传统品茶方式独特。唐代樊绰《蛮书》卷七记载的普洱茶饮茶习俗为"蒙舍蛮以椒、姜、桂和烹而饮之"。在漫长的历史过程中，云南形成了烤茶、酥油茶、油茶等多种品饮普洱茶的方式，每一种特殊的饮茶习俗都与特定地方和人群的生活环境、生活习俗息息相关，是地方性的生活需求。随着普洱茶消费群体的拓展，普洱茶在粤港澳地区与日常餐饮融合，成为餐厅和茶馆的重要搭配饮品；在现代都市雅文化消费群体中，与茶禅、茶艺、茶道融合，从山野之风走向精致典雅；在新兴消费群体中，与茶包、茶粉、茶饮料、冷泡茶等快消品融合，面向年轻消费群体，发展出新的品饮形式。多元化的普洱茶品茗方式为普洱茶文化品牌的整体形象系统生成带来帮助。

第二节　普洱茶文化品牌的言说空间

　　普洱茶文化品牌未来的言说空间，不限于传统普洱茶文化的展示、宣传与推广，从文化消费的规律来看，普洱茶文化品牌继续发力需要抓住文化资本价值传导的核心过程，从文化话语权、文化消费习惯以及文化价值创造等多个层次来加以审视，从生产、贮藏、传播、消费的全过程来定位普洱茶文化品牌体系，将文化资本转化为经济资本。文化资本在现代性消费社会中，转化为经济资本的诉求变得急迫，在这一过程中，文化品牌的持续建设至关重要。

一、生产

普洱茶的生产包括了种植、研发、生产，是一个复杂的品牌链。就种植领域而言，普洱茶是地理标志产品，受长期以来较为滞后的生产和管理方式的影响，普洱茶的生产企业和农户大多凭借传统经验来进行种植、养护和生产加工，这种生产加工方式在传统社会具有一定的优势，但是随着消费市场的扩大和对消费品质要求的提升，种植养护压力和产量需求越来越大，传统生产分散、粗放经营的模式不能适应迅速增加的市场需求。对农药、化肥等的使用缺乏有效控制和监督管理，盲目炒作古茶树，对古茶树资源进行破坏性掠夺采摘等，种种现象导致普洱茶这一珍贵的地理标志产品潜在的资源优势未能有效地转化为普遍性的经济优势。

地理标志产品从种植到生产的标准化是地理标志产品保护的技术基础和核心，是有效保障特色产品质量的手段，普洱茶在地理标志产品标准体系建构过程中，应当积极扩大普洱茶文化品牌的言说空间，强化普洱茶国家标准的影响力，廓清市场上对普洱茶的混乱认知，建立起从产地环境、种苗、种植、加工、安全卫生、产品、检测到包装标志、贮藏运输、质量控制等方面的普洱茶标准体系，从而突破既有的基于粗放型感性认知的普洱茶评价方式。在生产研发方面，要依托茶叶科学研究力量，从茶叶专业技术研究、开发、科技成果转化等方面，前瞻茶树种质创新与改良、茶树良种种植与繁育、茶叶加工与检测等科研课题，围绕云南大叶种的茶树种质资源，进行普洱茶品种选育、栽培、加工、生理生化的研究和示范推广，实现普洱茶生产领域的科学化，为茶产业可持续发展奠基。茶叶生产和销售企业要研究消费市场的特征和走向，及时调整经营方略，合理引导市场消费方向。

从地理区划来看，云南全省普洱茶生产领域广，涉及人口众多，对地方经济影响巨大，是实现乡村振兴的重要抓手。从云南省茶叶种植区域来看，省内哀牢山以西的大部分地区都有适宜茶叶生长的条件，尤其德宏、普洱、临沧、西双版纳为最适宜种植区，面积约 6.2 万平方千米，占全省总面积的 15.8%；适宜种植面积约为 3.1 万平方千米，占全省总面积的 41.5%；次适宜区为滇西北南部、滇中一带以及滇东北南部，面积约为 8.66 万平方千米，占全省总面积的 22.1%。容易被忽略的是，迪庆维西澜沧江河谷冲积扇地带、怒江大峡谷缓坡地带也具备中小叶种茶树生长的气候条件，历史上维西及怒江峡谷都是茶马古道的重要通道，这些地区的茶马古道故事和产业生产故事还有值得大力挖掘宣传的内容，是普洱茶文化资源的富矿。在云南广大的乡村茶叶产区，茶农们大多拥有自己的茶园和茶叶生产加工所，茶叶粗加工通常在茶叶初制所完成，销售方式普遍是散户自己经营，当地会配比一定数量的规模精加工企业，负责收购部分茶农产品进行再加工。因此，云南的普洱茶产业发展关系千家万户。茶叶生产门槛低，规模小，品牌繁多，微小企业和家庭户会成立茶叶农民合作社，以获得更多的销售资源和政策扶持，这种产业模式的优势是分散生产和销售，能降低经营风险；劣势是产品质量参差不齐，价格体系混乱，产品类型单一，同质化竞争严重，无法形成品牌合力和品牌差异，导致产品竞争力低。云南山地多，气候复杂，但是将近 80% 的土地可以种植茶树，在那些山区少数民族乡村振兴难度较大，自我积累能力薄弱，返贫风险突出的地方，可通过政策规范和市场引导进行普洱茶生产，形成普洱茶产品特色体系，构建差异化的普洱茶品牌体系。大力发展茶叶经济，对于解决集中连片发展滞后地区的产业兴旺问题，构建地区产业发展的长效机制，确保脱贫群众收入可持续增长具有积极作用。

二、贮藏

普洱茶的贮藏包括了普洱茶特殊的"醇化生香，保值增值"的类金融属性，由此带来关于普洱茶贮藏的各种品牌言说，生产企业及销售企业围绕质量、技术、场所等要素，遵循市场规律，形成普洱茶贮藏过程中的年份、地域、风味等传奇故事，在普洱茶贮藏过程中强化品牌生成。在普洱茶存储转化阶段，茶叶的生产者、经营者和消费者共同参与，为普洱茶风味创新和特色彰显带来品质和价值提升。

陈化是在普洱茶消费历史中发现的普洱茶独有的特色。在普洱茶陈化过程中，陈香物质、醇化口味、生物活性作用等都促进了普洱茶的价值提升。普洱茶"越陈越香"的品质概念成为约定俗成的普洱茶品牌内涵，而普洱茶保质期、普洱茶陈化期的时间界限与普洱茶贮藏技术息息相关，在未来普洱茶文化品牌强化的过程中，对普洱茶醇化方法、贮藏技术、陈化品质和阶段判定、陈化安全卫生监管等科学技术领域的要求将越来越高。

对于普洱茶而言，贮藏技术的规范以及标准的推进涉及普洱茶品质提升和安全控制的方方面面，是使普洱茶文化品牌具有竞争力的重要因素。关于普洱茶贮藏技术对普洱茶陈化促进的讨论和研究集中在传统贮藏技术和现代自动化智能贮藏技术的整合方面。传统普洱茶贮藏技术依托仓储空间自身的地理位置、气候条件、微生物菌群等环境因素，进行自然存储，茶叶在存储过程中产生后发酵，发酵陈化的时间各不相同，在不同的存储地域，会产生具有显著差别的普洱茶陈化风味特征和口感特色。

人们以云南仓、广东仓、香港仓等以地区命名的方式来凸显普洱茶存储转化形成的风味，不同仓储地点的普洱茶也成为风格显著的品牌。利用普洱茶传统贮存方式结合自然生态地理气候环境，自发完成普洱茶陈化转化过程，具有质朴的天然性特点。但是，传统贮藏方式在贮藏过程中人为干扰因素较多的问题，如生产者、经营者、消费者对贮藏管理认识不清，增加了普洱茶贮藏转化的中间环节，造成普洱茶陈化风味不统一，影响普洱茶醇厚度、陈香品质的形成和判断，还有可能产生一定的产品安全风险。随着普洱茶贮藏技术的发展、普洱茶贮藏技术规范及标准的确立，普洱茶生产企业采用现代科技手段实现普洱茶陈化转化，极大地降低了普洱茶陈化成本，压缩了陈化时间，提升了陈化品质，有利于进一步确立普洱茶陈化品牌标准，避免普洱茶认识误区。未来，还可以利用物联网和区块链技术，实现对普洱茶仓储环境中温度湿度、光照强度、二氧化碳浓度、空气质量的监测，通过电脑或手机终端实现对普洱茶贮藏环境的智能调节。由此，普洱茶贮存将突破单一的仓储功用，转向对品质的控制，香、醇、甘、润、滑、甜等口味要求成为普洱茶贮存和陈化的目标，在普洱茶顺、活、洁、亮的品饮风味上提供更多品牌塑造可能。

三、传播

普洱茶文化要在不同地域空间拓展和加强影响力，直至在国家层面形成强大的品牌效应。历史上，以普洱茶贸易为重要内容的西南地区茶马古道，为中国对外交流开拓了新路径，在南亚、东南亚之间架起海陆交汇的桥梁。茶马古道是中外交流的重要桥梁和纽带，挖掘、整理、研究、宣传茶马古道的历史，对我们今天讲好中国故事、为国际交流合作提供中国经验，具有极为重要的意义。在普洱茶文化品牌传播过程中，重点要突出普洱茶文化在更高层次与更广阔的范围内的影响，将既有的文化品牌影响力持续扩大，借助乡村振兴、巩固拓展脱贫攻坚成果、"一带一路"建设等机遇，将普洱茶产业与创意经济、互联网商业、茶旅融合等新业态的发展联系起来，凸显普洱茶文化的品牌力和文化主导性。

　　进行普洱茶贸易的过程也是传播普洱茶文化的过程，普洱茶贸易领域在不断扩大，普洱茶的文化内涵也在持续拓展。现在，普洱茶文化在融入现代消费社会的过程中，正在逐步突破传统的生计文化内容，成为新文化的有机组成部分。在品牌力量上升的过程中，应当基于普洱茶生产区域和消费区域之间巨大的空间间隙，在"物"的流动下，加强"品牌"的建构和"文化"的交融，让普洱茶这一充满流动性的商品，凭借其重要的媒介角色而联通起区域社会体系之间的复杂关系，并且参与建构地方社会的经济结构、文化观念和生活实践，进而在流动中整合文化观念，形成更为高阶的普洱茶文化品牌。尤其是在普洱茶文化价值认同和普洱茶文化消费阶层的培养方面，实现普洱茶文化品牌在传播中高度上升、宽度延伸，将成为普洱茶文化品牌新时期建设的核心内容。在目前的市场环境中，普洱茶文化的价值是普洱茶品牌言说的基础。应提升普洱茶文化品牌形象与地方传统文化形象，提升普洱茶文化品牌知名度和影响力，完善普洱茶品牌管理体系，在文化品牌的传播营销中建立起普洱茶产品的系列品牌文化体系，参与市场竞争。普洱茶的现实价值是物质产品的"硬实力"，而普洱茶文化品牌的传播和影响力则是"软实力"，普洱茶在"软硬实力"方面都还有巨大的增长空间，善用文化、经济、社会、市场、环境等因素，促进普洱茶文化品牌的传播，将品牌文化机制和普洱茶优良的市场形象联系起来，把"诚信""物美""质优""高端"的品牌原则和传统商业道德故事融入普洱茶产品和服务，进而赢得更多的市场信任与选择。

　　一款名茶的传承，除了历史积淀下来的经济、社会、政治因素之外，一个必不可少的条件是作为一种地方社会的历史记忆被保存下来，普洱茶从唐代之后一直没有中断文化记忆传承传统，一个最重要的原因就是不断有知识精英关注普洱茶并且书写它，这也使我们能够透过当时的历史文本观察到普洱茶是如何在滋养它的山水中与周围的人群进行互动的。普洱茶的文化书写，溯及唐宋，至清代更为普遍，阮福在《普洱茶记》中历述普洱茶，把古今关于普洱茶的茶事记录在案，贵在真实全面，文中提到的"八色贡茶""女儿茶""疙瘩茶"等概念今天仍在使用。此后近百年间，关于普洱茶的文化书写一直在延续，越来越多的茶人加入普洱茶的文化书写中，有关普洱茶的记录不断出现在各类文本当中，从而使得普洱茶在知识精英中得以传递和推广。尤其是到了20世纪90年代以后，普洱茶的专著开始增多，影响力也逐渐扩大，以邓时海的《普洱茶》、雷平阳的《普洱茶记》、周红杰的《云南普洱茶》等书写为发端，掀起了普洱茶文化书写的高潮，并且还在持续发酵。从经济领域来说，每个产品都有自己的生命周期，在历史的发展过程中，有些产品会消失，而有些会一直延续下来。茶的存佚，一方面取决于社会生活对实物产品的需求，是否有足够健康的市场循环，另一方面也依赖于文化观念世界对它的认识。普洱茶不断地被书写，从而借助文本载体不断在时间流中加深印记，在空间范围内拓展，形成好的文化品牌传播链条，是普洱茶生命历程延续的重要条件。

四、消费

普洱茶消费环节中随着消费需求、消费偏好和分众化趋势，也形成了产品消费、消费品牌（如山头茶）和仪式性消费，以及与文字、图像、影视、网络等相关的文化消费内容。在明清时期，普洱茶作为"贡茶"专供给皇室贵族品饮，产于"古六大茶山"的普洱茶因产量有限，十分稀缺，成为需要皇朝颁发茶引才能专购专销的垄断商品，这使得普洱茶品牌驰名全国，品牌价值大大跃升。20世纪末期，普洱茶热再度兴起，普洱茶消费的分众特征十分明显，人们对普洱茶消费的认识各不相同，众说纷纭。普洱茶的种植地在澜沧江中游山岭地区，特定环境下的土壤条件、气温降雨量、矿物及微量元素、生态系统环境等因素，为出产高品质普洱茶提供了最佳地理气候条件，同时，茶叶还受到种植年份、林木朝向、每年临时性的天气变化等因素影响，再加上私人作坊或生产厂家的不同制作工艺，茶叶的质量差异较大，整体上无法进行标准化生产和口味判定。普洱茶消费研究不仅需要根据已形成的市场消费习惯，对市场需求旺盛和满意度高的产品进行品牌特征梳理，更需要进行理性的消费能力引导和消费习惯培养，从而延伸出普洱茶文化品牌消费领域的言说空间。

从普洱茶消费领域来说，作为具有一定消费门槛的产品，尤其需要培育好的普洱茶消费观，对普洱茶历史、仪式、知识的了解与讨论是一种文化消费行为，是传统中国饮茶习俗中文人雅士精英阶层实现身份区隔的方式之一，在当代则成为特殊的文化资本。普洱茶消费涉及社会资本、经济资本和文化资本的整合，是品饮者身份建构的过程。目前普洱茶消费存在一些误区，在普洱茶文化品牌培育过程中，要正本清源，廓清错误认识，才能形成良性的普洱茶消费市场，进而逆向促进普洱茶生产和销售的健康发展。

从今天的科学研究来看，土质与茶叶品质之间关系的核心在于土质是否洁净、杂质及污染物的多少，矿物质含量的丰富程度。对"山头茶""古树茶"等高端普洱茶的消费，就是茶叶洁净观带来的对普洱茶生态价值认可的结果。在现代社会，生态产品消费成为消费者社会资源和经济资源方面的象征和展示，是消费者社会资本和经济资本的体现，因而生态产品受到市场的偏爱甚至追捧，体现了对现代生产体系中茶园化肥、农药大量使用等现代生产模式的不满，产生了对规模化种植园产业的怀疑。这样的消费思维传导到生产端和销售端，会造成普洱茶产业发展极度不平衡，一方面是古树茶价格高企，成为资本和权力寻租的垄断性资源，市场仿制层出不穷，真假难辨，损害了普洱茶产业及品牌发展的长远利益，影响古茶树资源保护利用和可持续发展，加速了古茶树的衰老或死亡。另一方面是对现代茶园种植和生产技术形成错误认知，缺乏对科技进步带来茶叶生产技术和品质控制提升方面的常识的了解，挤压了现代化茶园、普洱茶企业和新兴普洱茶文化品牌的生存空间。因而，严格管控普洱茶产品质量，宣传科学技术进步对普洱茶品质提升的价值与意义，培育消费市场对现代茶叶种植生产技术的信心，对普洱茶产值扩大、产业发展十分重要。在普洱茶品牌培育过程中，要强化普洱茶产品的市场细分，建立合理的价格体系，切实匹配不同品质的普洱茶。比如同一知名品牌企业的普洱茶产品中，既有价格低廉，但品质和口味有保障的大众产品，也有原料稀缺、品质优越的珍稀产品，让消费者在品饮过程中能够通过价格感知普洱茶口味的差异，实现普洱茶消费"丰俭由人""各美其美"，而不是以次充好、故弄玄虚、贩卖情怀，扰乱普洱茶消费市场，导致劣币驱逐良币。

此外，普洱茶消费作为一种传统文化行为，不仅需要品质优良的茶叶，还需要一定的消费场所、品饮器具等实物要素，同时，还需要掌握专门的泡茶技术、独具特色的泡茶礼仪等普洱茶文化的非物质要素，以形成具有辨识度的普洱茶品饮文化体验程序。由于普洱茶文化具有特殊性，现有的基于普洱茶消费品饮的系列实物要素和非物质的文化礼仪要素尚不能完全支撑和完美匹配普洱茶文化内涵，仅借用绿茶、白茶、铁观音等其他茶类的茶叶品饮文化消费内容和礼仪，无法全面提炼和展示普洱茶文化消费内涵，不利于发挥普洱茶在消费领域的品牌引领性。要通过加强普洱茶消费中的文化设计，以形成和保障普洱茶文化消费的"原真性"。

🌿第三节　普洱茶文化品牌的培育路径

梁漱溟认为，"文化，就是吾人生活所依靠之一切"。对普洱茶文化品牌培育来说，就是要整合普洱茶在物质文化和精神文化两个层面的多重价值，提炼形成现代化进程中重要的文化价值风向和文化体验内容，直至形成重要的生活习惯、目的或意义追寻。现代市场普洱茶的发展历史与言说成就了普洱茶文化品牌，从产品品牌、企业品牌、产业品牌、地方品牌，升华为国家品牌。其言说空间不断拓展，言说的内容、形式、路径也应该持续不断拓展。

一、从内容到实体

对普洱茶文化内容和文化底蕴的挖掘还远远不够，现在普洱茶的产品产业层次低，对产品的开发流于浅层，市场随机性太大，没有对普洱茶文化品牌创新性的培育，运营模式落后，路径太窄，普洱茶相关文化品牌的发展滞缓，不能迅速扩展经济利益和市场份额。因此，普洱茶文化品牌未来要注重从普洱茶内容品牌转向实体品牌，要着力形成一批普洱茶品牌阵型，形成龙头品牌、核心品牌和基础品牌的多极化品牌实体。龙头品牌承担较多社会责任，引领普洱茶文化价值风向；核心品牌占领消费市场，巩固并扩大普洱茶市场份额，确保品牌忠诚度和品牌延展性；基础品牌对核心品牌和龙头品牌形成督促和竞争，保障普洱茶品牌的创造力和活力。

历史上，西双版纳州勐海县不仅是重要的普洱茶生产基地，还是普洱茶商贸线路上的重要枢纽，在新茶路开辟过程中，勐海县利用地理区位优势，南向接驳缅甸景栋等城市交通节点，通过马帮、公路、铁路、海航的整合运输方式，将普洱茶销往藏地，在市场拓展的思路和格局上极具创见。经过100多年的历程，勐海县以"中国普洱茶第一县"的品牌基础，形成了"大益"等龙头品牌，为扩大勐海茶、勐海味的影响力，利用勐海茶王节、茶马古道景区、大益茶厂故事、贺开古茶山拉祜文化旅游区、布朗山茶文化旅游线路等多民族文化品牌活动载体和平台，将普洱茶文化、民族文化、乡村休闲文化、中缅边境文化资源进行整合，在茶旅融合、茶生态、茶经济、茶文化协同等多个领域构建品牌格局。以地方数据为例，目前西双版纳州有茶园143万余亩。其中，绿色、有机茶园（含转换期）认证面积26.51万亩，认证产品 346 个，总量排在云南省第一位；入选省、州、县级"绿色食品牌"茶产业基地 33 个（省级 5 个、州级 15 个、县级 13 个）。现有茶产业龙头企业 23 家（其中国家级 1 家、省级 8 家），规上茶企 19 家，获 SC 认证企业 551 家。茶农有 42.32 万人，占全州农村人口 68.89 万人的 61.43%。2021 年，西双版纳州干毛茶产量 5.59 万吨，实现农业产值 40.05 亿元、综合产值达 245.97 亿元，上缴税收 6.04 亿元，带动茶农人均收入近 9 500 元。"一片叶子，成就一个产业，富裕一方百姓"，普洱茶产业已成为地方巩固脱贫攻坚成果、财政增长、农民增收、推进乡村振兴和共同富裕的重要支撑，普洱茶文化品牌的培育是产业实体发展本身的需求。

二、从新产品到新产业

普洱茶文化品牌的培育，不能只关注产品本身，一定要看到整个产业发展的路径，并从中探索整体发展布局，尤其是要在激烈的市场竞争环境中，扩大格局，跨越产业边界，形成全新的产业模式。以茶文化旅游来说，传统的观点侧重于"茶文化"和"旅游"，是归属于"旅游业"的一种"文化旅游"，总体而言是传统的旅游业态。在普洱茶文化品牌建设过程中，应当善于挖掘新业态动向，抓住业态变化的端倪，提出新的产业概念。茶旅融合是茶产业和旅游产业的融合，茶产业包括了茶叶种植、养护、技术、生产、品牌、消费环节的"产业经济领域"，也包括了信仰、习俗、生态观念、历史渊源、传统工艺品饮仪式的茶文化内容领域；旅游产业则包括了旅游的基本六要素"食宿行游购娱"，还包括文化旅游的"体验、休闲、学习"等精神消费内容。"茶旅融合"不是简单的"茶＋旅游"模式，不是以旅游的名义"卖茶"，也不是将"茶文化"作为旅游的附加内容，而是要实现茶和旅游两种产业的融合，茶产业中有旅游产业，旅游产业中有茶产业，二者不可分割，因而是一种新业态。产业融合的基础是技术关联和需求关联，出于技术进步、市场深化和制度创新等原因，不同产业边界和交叉处的业态、模式以及产品特征发生重大变化，产业边界模糊，出现技术和产品的替代与互补，使得不同产业或同一产业不同行业之间相互渗透、相互交叉，最终融合为一体，逐步形成新产业和新产品。茶旅融合是将独特的地域茶叶生产方式和茶文化，结合旅游基础设施建设、旅游产品策划和旅游体验项目，形成以茶为主题和核心的旅游产品和旅游品牌，地方茶叶生产方式和茶文化是该旅游产品的核心竞争力，具有不可替代性，不能从旅游产品中剥离。

三、从生活性消费到精神性体验

对中国人来说，茶叶既是一种生活必需品，又是一种文化必需品。从较为极致的意义上来说，茶叶作为文化必需品的消费大于作为生活必需品的消费，普洱茶尤其如此。在文化品牌的建设方面，普洱茶最终要实现从生活性消费到精神性体验的合构，后者的意义更为重大。当前普洱茶文化品牌培育的破局，需要基于我国经济发展面临的重大变化和重要转型，从传统生活产业和社会资本消费转向新时期的精神体验诉求和文化审美范畴，以精神体验的价值创造与增值为核心，为消费者提供具有深度体验感和高感知度的产品与服务，形成新的产业形式与商业模式，依托普洱茶良好的特色产业基础、人文优势和消费市场，加快培育发展独具引领性的精神体验消费产业，这成为促进普洱茶经济转型发展的重要路径。在国家完成工业化之后，产业形态会向高附加值的现代产业转型，精神体验和消费与经济深度融合的趋势日益加强。与其他行业不同，普洱茶线下门店在产品体验层面是非常重要的，专业市场和品牌实体店的经营对普洱茶文化品牌培育的作用不可替代。基于普洱茶这一原本的生活消费性产业，要突破"惯性思维"和"路径依赖"，迭代竞争模式，创新围绕"美好生活"进行的普洱茶文化解释，形成引领性的"未来生活形态"话语体系，向国内外输出具有地方特色和文化自信的品牌文化新主张。

四、从历史事实到学术研究

在普洱茶文化品牌培育言说过程中，要强化普洱茶的文化品牌格调，对资本市场给普洱茶产业带来的短视逐利行为进行规范和纠偏，形成普洱茶文化品牌建设中的科学态度和较高的文化格调，不放任市场泡沫和营销谎言，从而避免品牌建设落入资本陷阱和市场失序之中，对品牌长远发展产生危害。例如目前茶产区少数电商直播带货，在普洱茶知识、产品质量把控、售后服务、客户后续维护方面存在一些问题。由于直播者自身对普洱茶文化的内涵和审评缺乏系统性的了解，对普洱茶的认识相对粗浅，会让线上消费者，对品牌形成不正确认识，影响品牌信誉。严谨的学术研究在一定程度上能廓清认识、还原真相，将学术研究成果在公众和市场中普及，公开、兼容、透明的普洱茶专业知识推广，有利于消费市场做出理性抉择。良性的、不受资本干预的学术研究能够对显见的常识偏差提出警示，不倡导非理性消费，避免普洱茶产业发展和普洱茶文化品牌建设过程中出现严重危机和问题，避免品牌风险，壮大品牌力量。学术研究本身会有一定的观点相左和文化争议，这也是一个品牌言说的过程，是价值观点逐渐明晰并达成共识的过程，对普洱茶文化品牌的培育是有利的。

五、从地方品牌到国家品牌

普洱茶文化品牌中蕴含着世界各族人民共同的价值理念，要充分利用这种共同价值理念的优势，提升普洱茶健康、友好的品牌价值。比如日本、俄罗斯、英国等许多国家和地区的民众都认为茶是对身体健康有益的饮品，能起到保健作用，因而健康、天然、安全的普洱茶很受欢迎。在不同民族当中，茶都是待客的饮品，是友好的象征，还是缔结姻缘关系时的重要媒介，是沟通交流情感的重要桥梁。韩国的茶礼习俗追求和谐、敬重、勤俭、真诚，日本茶艺通过严谨规范的仪式体现克已、守礼、冲淡、隐忍的价值追求，印度、俄罗斯都有用茶向客人表达真诚友好态度的习俗。作为一种文化载体，在"一带一路"建设中，可以以茶叶为媒介，与周边地区和国家开展"茶叶三交"，使普洱茶成为国家间文化交往交流交融的载体。普洱茶产地与老挝、缅甸、越南毗邻，与柬埔寨、泰国、印度、斯里兰卡、孟加拉国等南亚东南亚国家具有天然的合作优势，在普洱茶文化品牌培育过程中，要积极实施"走出去"战略，在生产与加工基地、进出口物流储运基地、跨境电商合作基地等方面发力，形成能代表国家形象的普洱茶文化品牌。

✒ 第四节　普洱茶品牌故事

普洱茶是饮品，但远不止于此，它的背后涉及种植、制作、交易、消费，每一个环节都蕴含着人与物、人与社会、文化与生活、当下与历史、地方与国家的互动等复杂多元的关系，这些关系伴随着社会资本、文化资本、经济资本的变化，在现代性的消费社会里嬗变，在各方力量的博弈消长中处于动态发展的过程之中。普洱茶文化品牌的建立和维护，从来就不应该凝固在几个固定的认知里不断地"新瓶装旧酒"，也不是企业间为了短期利益在文化上互相撕扯，不是热衷于背离常识吹出巨大的泡沫，这些都不是真正的普洱茶好故事。普洱茶具有多重身份，培育普洱茶文化品牌，要看到多重身份之间的关联与纠葛。特殊的生产地域、意义的多元性，使得普洱茶成为沟通传统记忆与现代进程、联系乡村社会与资本行动、理解全球市场和地方社会的通道。

讲好普洱茶品牌故事，基础是处理好传统与现代的接续问题。传统上，普洱茶最好的部分是头春采摘的细而白的嫩芽，称为毛尖，通常被作为贡品。毛尖采完之后，民间才能采摘芽茶作为商品，春茶之后，持续采摘小满茶、谷花茶，时间越往后，茶叶的级别越低。根据茶叶的芽头和采摘时间，人们将制成的普洱茶分级分类沿茶马古道销往各地。而今，普洱茶的品级分类在茶叶嫩芽和时节的传统基础上，叠加了山头、古树等观念，好的山头茶的"黄片"，也胜过茶园台地的"毛尖"，新兴茶园和机械技术的出现带来普洱茶核心价值评判的变化。在普洱茶文化品牌的培育过程中，传统的自然放养式种植以及极度依赖茶叶制作者个人生产技能、定点区域和特定消费市场的模式必然需要适应现代市场的发展和需求。现代农业一度因为大量使用农药与化肥而严重污染了土壤，随着大众健康意识的增强，人们开始注重食物的生产过程，有机茶园减少对茶叶生长的干预，崇尚自然生态理念，让茶回到自然生长状态，从对"量"的追求转向对"质"的保证。在制作技术领域，传统茶人多年的制茶经验和技艺，可以通过现代技术手段和品质把控，转换为可以复制的标准化程序，保障绝大部分产品达到市场一般标准，将传统手工制作保留成工业体系中特殊的个性化品牌和个人品牌，实现传统与现代品牌的结合。在消费市场领域，随着现代物流的发展，传统地方性产品可以抵达更远更大的消费市场，需要借助现代营销理念和方法，在新的市场领域开拓进取，获得更多的市场份额。

讲好普洱茶品牌故事，核心是要协调好乡村发展与资本逐利之间的关系。普洱茶是民生产业，涉及广大茶叶产区千家万户的生计，也是茶叶产区实现乡村振兴的重要依托。在普洱茶文化品牌培育中，要立足乡村的长远发展和振兴，站在"乡民本位"，保护好珍贵的乡村资源。城乡二元结构，容易造成城市资本对乡村资源的掠夺和挤占，乡村的辅助地位和弱势处境与资本逐利行为之间存在矛盾。当下，讲述普洱茶的经济故事，不能只依照道义经济学或公平贸易的原则，单纯把普洱茶视为经济作物，夸大茶农和普洱茶经济互动的负面影响，也不能片面追求普洱茶在经济和文化领域的价值最大化，而无视乡民的生计空间留存和文化权利保留。要赋权乡村茶农，为他们保护普洱茶产业的地方性知识资源，维系普洱茶品牌提供内生动力，为普洱茶产业的品牌培育增能，提高茶农、茶商讲述普洱茶故事的能力和格调。城市消费资源和运营资本进入乡村对普洱茶来说是巨大的发展机遇，应当通过对资本的规范和引导，真正把普洱茶产业发展、品牌塑造带来的价值留在乡村，留在民间。

讲好普洱茶品牌故事，目标是连通云南与世界。在国家"一带一路"倡议下，普洱茶主产区云南承担着"民族团结进步示范区建设""生态文明排头兵建设""面向东南亚南亚辐射中心建设"的历史任务。普洱茶作为西南地区与世界交往的重要桥梁，沿着茶马古道线路，形成蛛网般密布的商贸和文化交往联结，普洱茶产区与缅甸、印度、马来西亚、巴基斯坦、尼泊尔等地建立了友好的商贸往来关系，一些民族商号走出国门，在南亚东南亚等国家地区开拓发展，建立中转运输枢纽和交易网点，形成了较大的地区和行业影响力，这种传统今天也仍然在延续。云南大学文化发展研究院和云南省非物质文化遗产研究基地认真研读习近平总书记2017年给杭州首届中国国际茶叶博览会的贺信中阐述的茶马古道与"一带一路"倡议之间的历史渊源，于2018年向云南省文化厅提交了《主动服务国家战略，着力培育"茶马古道"文化品牌，谱写云南茶产业和茶文化新篇章》的咨询报告，报告提出了启动"1＋3"茶马古道遗产建设工程。"1"即推进"保护、利用和扩展"工作，培育"茶马古道"文化品牌。"3"即推进茶马古道与千亿茶产业互动发展，提升云南茶文化附加值；推进茶马古道线性遗产与云南文化旅游产业的融合发展，丰富和带动云南文化旅游转型升级；成立云南省茶马古道研究基地，充实和发展云南茶马古道原创学术品牌，拓展与东南亚南亚的学术交流。这一报告体现了云南学术界对普洱茶相关文化品牌融入国家战略、形成国家品牌的敏锐性和执行力。通过讲好普洱茶国际故事，在跨文化情境中做好品牌阐释，主动融入"一带一路"倡议，以全球化视野理解云南普洱茶产业特殊的历史记忆和文化价值，构建地方与世界的沟通方式与认同体系，将普洱茶作为载体传达的民族团结、生态和谐等地方价值观，嵌入人类命运共同的生态保护、多元包容、平等和睦等社会理想之中，弥合区域间的分歧与竞争，促进区域间共同发展，普洱茶品牌的区域力量将上升为国家文化力量的重要组成部分。

自古以来，围绕着普洱茶，人、事、物不断穿梭，不断有新的人、事、物进入这个链条，也不断有人在坚持理性的基本规则，坚持事实真相和历史发展的客观规律，无论是经济崛起后的热门投机，还是作为产业的中国西南生产端在追求现代化和保持传统原真性之间的权衡，在普洱茶中可见的，是中国社会的缩影，是世界动态发展的过程，在这一过程中，我们要看到产业内外环境的变化趋势，用发展的眼光讲述普洱茶故事，要看到世界的动态格局，用全面联系的视角思考普洱茶品牌的内涵，同时不应该忘记关照茶产业中弱势群体，持续探索如何构建更美好社会。

第五章 普洱茶投资市场

经过近30年的市场培育，普洱茶从大众消费品到收藏投资品，从现货交易到竞价拍卖，从号级茶到印级茶，投资普洱茶成为广泛的市场认知，越来越多人参与其中。根据普洱茶的醇化情况与仓储时间，大致上有新茶、中期茶、老茶的阶段划分，在各种市场因素的影响下，此三者的流动性、收益性和安全性上也有着明显差异，因此，投资方法也有所不同，本章将就这些问题依次进行论述。

🌱第一节 普洱新茶投资的市场分析

"新茶"这个词汇最开始出现于绿茶领域，绿茶讲究鲜爽，新茶往往代表着最鲜爽，每年新茶上市都是一年当中最好的销售节点。严格意义上来说，普洱生茶与绿茶的加工工艺有很大相似性，很多品饮普洱茶的人群也有喝绿茶的习惯，自然而然地也从绿茶的定义中继承了这个词汇。

近几年，普洱茶的投资市场异常火热，出现了纯泡沫化的趋势，面对良莠不齐、庄家操纵的市场，投资者想要挑选出一款真正值得投资的普洱新茶也并不容易，需要从专业的角度去分析投资标的。

需要特别说明的是，老料新压茶虽然也符合对醇化时长的要求，具备了一部分老茶的基本特征，但"新压"代表了其是新生产的普洱茶，在投资市场上一般将其作为新茶看待，也适用于普洱新茶的投资方法。

一、普洱新茶投资优劣势分析

从投资基础的角度来看，普洱新茶原料制作工艺普遍较为精良，特别是随着后名山茶时期的到来，对原料初制工艺的极致追求使得普洱新茶的口感风味更加出色，吸引了一大批新的消费者。但与此同时，小部分地区为增加产量对茶树进行过度开采，致使茶树退化严重，茶区生态环境普遍遭到破坏。由此带来的是，普洱新茶原料成本不断抬升，市场售价远远偏离其真实价值，出现与年份茶价格倒挂的现象，而品质却有下降的苗头。

从品牌的角度来看，普洱新茶的品牌分化十分明显，经过十余年的投资实践，缺乏竞争力的企业品牌、名山品牌早已被淘汰，留存下来的品牌大多是经过了时间的检验，这些品牌的普洱新茶往往有着更大的确定性和更高的溢价。一些新生的品牌则有着更强的活力和创新能力，但由于缺乏沉淀，往往在渠道上显现出弱势，投资风险往往也更高。普洱新茶集中了品牌厂商的许多营销资源，其投资市场热度高、交易极为活跃，频繁的交易带来了价格的上升，量价齐升的结果带来了市场泡沫与投机行为，因此普洱新茶市场是普洱茶投资市场中泡沫最为严重的地带。

从仓储的角度来看，普洱新茶几乎不存在仓储疑虑。不同于年份茶中间环节多、技术门槛高以及仓储情况复杂等情况，一般情况下，普洱新茶投资仅需考虑原料和市场因素，即便出现问题也很容易分辨。

从市场供需关系的角度来看，普洱新茶当前的市场供给远大于市场实际需求。普洱茶原料产区地缘广阔，生产领域不断新增的投资令普洱新茶产能逐年上升，规模化、标准化的生产技术也使得普洱新茶供给更为充分。与此同时，普洱新茶需求明显不足，普洱茶独特的品质特征注定了普洱新茶很难被当下市场消耗，消费性需求、礼品性需求与预防性需求比重逐年下降，投机性需求占总需求比重逐年上升。2021年7月，"仓颉号"事件爆发，更是成为普洱新茶投机泡沫破灭的导火索。此外，名山茶时期产能暴涨，使得普洱中期茶市场存量巨大，也是分化普洱新茶消费性需求的重要因素。

总体而言，普洱新茶的投资门槛较低。由于交易单位小型化，投资普洱新茶的资金门槛往往很低；开放的网络和便捷的信息获取，使得投资普洱新茶的知识门槛、渠道门槛和技术门槛也相对低；同时，大量的市场供给也使得普洱新茶可容纳的资金体量相对较大。但当前普洱新茶价格已经到历史高位，过高的估值将导致其投资回报率相对较低，同时普洱新茶往往要经过10年以上的仓储才有明显的转化，过长的投资封闭期也使得其流动性较差。

二、普洱新茶投资主要方法

相对于价格高昂、甄别难度高的年份茶，低投资门槛、价格透明的新茶成了大多数普洱茶投资者的优先选择，市场的繁荣使得普洱新茶供给端产能过剩，令选择投资标的变得更为困难。在这个背景下，投资普洱新茶必须十分谨慎，筛选掉价格虚高、特点平庸的产品，寻找符合未来市场需求、独具特色的品种。以下方法是编者对普洱新茶投资经验的总结，希望能够帮助投资者降低投资风险，尽可能避免做出错误的投资决策。

（一）选小而美的纯料古树

云南古茶树大多零星分布在各少数民族地区，且多在人迹罕至、路途崎岖的深山老林，古树茶原料掌握在众多茶农手上，茶青很难大量聚集。尤其在春季，全国各地茶商蜂拥而至，漫山遍野都是收茶人，即使拥有大量资金，也往往难以大规模收集到原料。对经销商众多的品牌厂商而言，名山产区的古树纯料茶价高量少，一来生产成本、资金积压成本过高，二来产量过少难以满足市场需求，这严重制约了大厂对小产区原料的收购。随着资本和茶人开始大量涌入云南，一些资本体量较小的新生品牌开始扎根在名山产区制作真的古树纯料茶，如"云门天成""不下山"等，产品定价虽高但能保证原料的真实性，未来转化后的市场回报更大。对于追求长期收益的投资者，这种小而美的古树纯料茶是很好的投资选择。

（二）通货拼配选大厂

与纯料茶相对的便是拼配茶，拼配最开始是普洱茶精制工艺的一个环节，但在过去的 10 多年时间里却被污名化，成为次品的代名词，但以八八青饼为代表的"7542"系列产品却是经典拼配茶。真正的拼配茶不仅仅为了降低成本，更多是为了品质的稳定和产量的提升，它需要大量的原料储备和优秀的拼配技术团队，通常资金雄厚的品牌厂商对拼配茶的制作具备优势，这恰好是小厂的弱项。只有通过拼配才能做出大批量的产品，而这恰好符合大资本对资金容量的要求。

相对于小型品牌厂商，大厂往往有更多的交易渠道、更高的交易活跃度和更强的品牌溢价，在产品上也有更高的知名度，所以往往流动性也更好。对于追求流动性的投资者，大厂的经典系列拼配茶也是一个较好的投资选择。

（三）传奇复刻有参照

除了纯料与拼配茶之外，对于注重安全性的投资者，传奇产品的复刻品也是一个不错的投资选择。相较于创新的新产品，有参照物可以进行对比的复刻品，无论是品质或是价格都更加有据可依，加之经典产品的知名度，复刻品往往也更受市场的追捧。毫不夸张地说，新品是经典的重生，经典是新品的未来。而创新产品大多往往只是昙花一现，其定价并没有经过市场的检验，难以形成有效的说服力，其投资风险往往很大。但要注意的是，由于国企改制等，这些传奇产品的厂商往往已经"物是人非"，在多个厂商都宣称自家是正统的情况下，一定要选历史关联度更强的厂商。

三、普洱新茶投资常见误区

很多投资者在开始投资普洱茶时往往选择新茶，认为新茶的投资风险相对年份茶较低。其实不然，市场上层出不穷的新奇概念以及眼花缭乱的创新产品充斥着眼球，投资者身处其中往往当局者迷，很难进行理性分析。了解以下几个常见的普洱新茶投资误区，对进行投资分析可能会有所帮助。

（一）新茶香等于老茶醇

近 20 年的普洱茶产业发展远远快于其他茶类，"要挣钱就去做普洱茶"这句话代表了普洱茶的利润空间所在，趋利避害是人的本性，这就导致了很多从事其他茶类的茶商也参与到普洱茶产业之中，将做青、闷黄等其他茶类的制作工艺带到了普洱茶的加工当中，使得普洱新茶的适饮性更强，过往加工完成之后需要陈化数年才能饮用的普洱茶，如今刚刚制成便已经香气高扬。但这种改变往往都是以牺牲醇化价值为代价的，产生过度香气成分的普洱茶滋味往往会较为寡淡。简单来说，物质是守恒的，无论滋味或是香气，归根结底都是茶叶的内含物转化而成的，而原料决定了内含物的总量，香气转化得多了，留给滋味的自然就少了，同时，高扬的香气在长时间仓储过程中更容易挥发，最后的结果只会是香味两失。所以说，新茶香并不等于老茶醇，投资普洱茶更是要远离这种"高香"。

（二）古树茶都适宜收藏

古茶树分为野生型、过渡型、栽培型三种类型，但真正适合采摘制成普洱茶的只有栽培型古茶树，前两者并不适宜饮用，更别谈收藏投资。2006 年之前，很多书籍将野生茶和古树茶混淆，这个时期业界对两者并未有明显定义区分，往往将其混同。随着普洱茶整体市场的兴起，在一些推崇野生茶书籍的引导下，市场更是一度以野生茶为贵，导致盲目地采收野生型古树茶。这类茶树虽然植株高大且树龄长，但很多茶树并未经过驯化，其中甚至有部分为大理茶、秃房茶，而并非真正意义上的云南大叶种茶树，其本身带有一定量的有毒物质，而且这种植物毒素不会随着时间减弱。

现如今打着野生茶、古树茶名号的普洱茶并不少见，这类产品很多原料也只是来自抛荒无人管理的野化型茶树，或是徒有虚名的伪古树茶。在选择普洱茶投资标的时，千万不要看到生态环境好、植株高大的茶树就盲目消费，也不要看到"野生茶""千年古树"等字样就冲动投资，一定要先认清楚茶树品种，了解当地采制历史再做出决策。

（三）名山茶能低价捡漏

名山茶的知名度与高品牌溢价使其有利可图，伪造门槛与假冒成本低为伪造者大开方便之门，导致了每年售出的伪名山茶往往是真名山茶的数十、上百倍之多，这种"劣币驱逐良币"的做法往往会给制伪厂商带来更高的利润，使得生产真名山茶的厂商难以与之竞争。制伪厂商通常以薄利多销、管理成本低等说法解释自身价低的原因，以此取得价格优势。更有甚者，以高价售出伪名山茶，将名山的地名阐释为产品名称，意图鱼目混珠。尤其是老班章茶，市面上90％以上都并非产自老班章村，而剩下的大部分也或多或少拼配了来自周边其他产区的原料，以此来降低生产成本。事实上，真正的名山茶往往一分钱一分货，即便是当初低价买入的名山年份茶，今天也很少会低价卖出。

（四）品牌茶更能够信任

很多投资者往往认为，处于优势地位的品牌厂商总能一直领先，先发优势固然重要，品牌过往的口碑固然代表着产品品质，但认为品牌总是一成不变的，以此产生信任惯性，很有可能会做出错误的投资决策。知名度高、渠道门店多并不等于品牌的美誉度好，很多资深投资者宁可远离所谓的大厂去选择中小品牌，是因为他们知道优质的原料永远是稀缺的，产量往往是以牺牲品质为代价的。尤其是以名山茶为特色的品牌厂商，要清楚普洱茶毕竟是农产品，除了少数承包林权的之外，其对名山茶的拥有往往是有时效性的，绝大部分名山茶园属于分布在大山里的少数民族，轻易地将品牌与名山茶等同是不可取的，但这并不是说，品牌茶就完全不值得信任，而是品牌需要每一年不停地付出成本来取得名山茶的原料，一旦停止付出就会失去所有权，所以投资品牌名山茶一定要看特定的年份。

第二节　普洱中期茶投资的市场分析

　　狭义上的普洱中期茶一般指普洱生茶，它是用于划分普洱老茶和普洱新茶而产生的概念，是普洱新茶和普洱老茶之间的过渡状态，同时，也是普洱新茶向普洱老茶转变的必经阶段。从存放年限上看，普洱中期茶是指在自然仓储状态下，陈化时间在10～20年的普洱茶；从陈化效果上看，普洱中期茶的茶汤为橙红、深红色，青涩味基本消退、陈香初显，滋味上苦涩度较新茶减弱，甜度和醇厚度有所增强。对普洱老茶而言，普洱中期茶还不够"厚重"，但对普洱新茶而言，普洱中期茶又有时间沉淀带来的陈香。

　　普洱中期茶口感风味介于普洱新茶与普洱老茶之间，适饮性强，能满足大多数消费者的喜好，同时性价比高，因此为市场所接受。一度由于存量稀缺，不被大多数消费者熟知，但随着近年来越来越多的新茶进入普洱中期茶阶段，其市场存量逐渐增多。

　　随着名山茶时代进程的推进，尤其是后名山茶时期，投资市场对名山茶更为青睐，毛茶原料价格水涨船高，也带动了整个新茶板块价格迅速拉升。而普洱中期茶由于早期原料价格低廉，即使算上仓储成本、资金成本，加以一定的利润空间，其价格仍低于普洱新茶，尤其是名山古寨的普洱中期茶，其价格往往不足新茶的50%。由此，普洱新茶与年份茶出现了价格倒挂的鲜明对比，使得投资者认为普洱中期茶存在套利空间，大量资金蜂拥而入，特别是价格落差更大的名山茶领域，普洱中期茶的投资意愿非常大。在普洱新茶价格居高不下、风险剧增的背景下，越来越多的投资者将目光转向普洱中期茶。

每个时期都会有普洱中期茶，但就当下而言，普洱中期茶却具备一些与以往不同的独特之处。前名山茶时期普洱茶在珠三角地区开始流行，至今已20多年；到了后期，大量民间资本进入普洱茶的投资领域，这个阶段的普洱茶历经14～18年的陈化，如今已然进入普洱中期茶领域。而这个时期生产的普洱茶大多并未流入消费市场，普洱中期茶的存量供给，使我们如今迎来了第一个普洱中期茶高峰期。而过多的存量供给使得普洱中期茶价格承受了巨大压力，难以上涨，这也解释了普洱中期茶与普洱新茶价格倒挂的原因。

纵观过去20多年，普洱茶产业快速发展，众多品种中能在品质风味上脱颖而出的屈指可数，绝大多数并未得到良好的醇化。随着近年来对普洱茶醇化研究的深入，对普洱中期茶的醇化认知有了突破性的进展。不同于普洱新茶在品质转化方向上不可预估，历经了十余年陈化的普洱中期茶醇化趋势相对清晰，其未来的转化走向更为有章可循，在普洱中期茶领域中寻找投资标的，其风险小于新茶。品质良好的普洱中期茶，在入手之后继续存储，留意存储环境，其预期醇化效果的确定性更强，普洱中期茶的未来市场不可小觑。

一、普洱中期茶投资优劣势分析

从投资基础的角度来看，衡量普洱中期茶的第一要素就是品质。当初生产普洱中期茶的时候，普洱茶刚刚兴起，很多被荒废数十年的古茶园刚开始恢复采摘，茶园生态环境还未遭受破坏，而且，勐海八公里工业园引入了大量现代化、标准化的普洱茶精制厂，多项标准的实施使其基本实现了清洁化生产，这为普洱中期茶的投资奠定了良好的基础。从品牌的角度来看，普洱中期茶的品牌厂商繁多，其产品结构十分丰富，这既满足了消费市场的需求，也兼顾了不同投资者的偏好，前者以历年产品形成完整的价格链，后者也得益于各大名山古寨而为人所熟知，其价格逐年抬升。同时，这些当年生产普洱中期茶的品牌厂商中如果能存活至今，起码历经了10年以上的市场考验，基本也有了遍布全国的销售网络，品牌也大多有了一定的知名度，同系列的后续产品托起了普洱中期茶价格的基本盘，这些都构成了普洱中期茶投资的安全壁垒。总体而言，普洱中期茶具备充足的体量与市场，但关键在于要选对投资的品牌，普洱中期茶的品牌知名度越高，后续的转手难度越低，例如前文提到的名山茶时期各个经典产品，即使过去三五十年，依旧会被后人铭记。

从仓储的角度来看，普洱中期茶封闭周期相对较短，除了马上可以进入消费市场，只要再醇化几年，普洱中期茶就变成了老茶，流动性较新茶更强；而且在2008年以后自然干仓理念得到了普及，大部分普洱中期茶都进行了良好的仓储，继续持仓成本往往不高。但由于经过10多年陈化，仓储地区气候、仓储方式不同，导致普洱中期茶醇化效果不一，即使是同一批茶，其醇化风味也有所差异，难以形成统一的风味认知，造成"同茶不同味"的结果，对投资者的专业性要求较高，成为投资者的主要顾虑所在。

从市场供需关系的角度来看，普洱中期茶的存量供给十分庞大，但品种繁多，呈现出仓储区域、条件、人群、品质和年份分布不均衡的状态。同时，由于普洱中期茶在大部分地区还尚未被消费市场接受，虽然市场需求呈现良好的增长态势，但总体需求量远小于供给量。

对普洱茶投资者而言，普洱中期茶领域准入门槛适中，除了

假冒风险外，投资风险总体不大，封闭期短、流动性强，可预期
回报空间大，所以近几年对普洱中期茶的投资逐年增多。普洱中
期茶的众多投资优势，既是由普洱茶越陈越香的特性带来的，也
是十余年来普洱茶文化普及带来的。普洱中期茶的出现，给普洱
茶投资市场带来了活力，六星孔雀、陈升老班章、中吉号纯麻黑
等诸多普洱中期茶逐步取代了八八青饼，成为普洱茶投资市场的
新宠。

二、普洱中期茶投资主要方法

（一）选时代标杆代表作

普洱茶跟葡萄酒一样讲究年份，好的年份往往能成就多款经
典产品，而连续几年都无法产生一款经典也是常事。前名山茶时
期，全国各地茶人纷至云南，成为那个时代的潮流，这放在今天
是很难想象的。在这个普洱茶最为辉煌的黄金时代，涌现出真纯
雅号、大白菜、六星孔雀等一大批经典产品，成为那个时代的
传奇。

这些产品虽然各有不同，但却成了那个时代的标杆。不同时
代有不同的特色，不同时代也有着各自不同的代表作。千里马常
有，而伯乐不常有，高明的投资者往往能够抓住时代的辉煌。

选择投资标的时不能只盯着大厂，很多大厂也是从三线品
牌走过来的，而即使是大厂也有衰落的一天。声名显赫一时的
龙生、龙润茶也早已成为过客，远离了普洱茶的投资市场；而
陈香甘露、勐库1979等产品，虽然出厂时声名不显，但在陈
年普洱茶鉴定活动中被评为六星级普洱中期茶，"一举成名天
下知"。

找到时代标杆非常困难，能够将其从众多品牌相仿、产品相
似的投资品种当中挑选出来，需要投资者具备前瞻性的眼光与敏
锐的投资直觉。投资者只要抓住了前景明朗的品牌，选择其早期
代表作进行投资，也能取得不菲的回报。

（二）选华南干仓

同一批普洱茶，同样是干仓仓储，华南仓的价格一般要高于其他地区，至多可能有数倍之差。不同仓储价格悬殊的原因，不仅仅是仓储成本的差异，更多的是醇化品质上。投资普洱茶选择华南仓仓储，往往会获得更大的收益。

今天的老茶界定条件，与 20 年前相比已经发生了巨大的变化，过去的老茶以口感以及汤色作为评判标准，为了提升资金流转率，茶商往往采用做仓的方式加快其进入市场的时间。但干仓理念在国内普及之后，市场更多的是以仓储时间作为衡量依据，相同仓储时间的醇化品质成为决定二者价格的标准。同时，主流仓储方式也与过去发生了很大变化，普洱茶的醇化品质变得相对可控，但随之仓储速度也变得缓慢，即这种品质可控是以仓储效率作为代价的。

很多投资者会误以为干仓仓储时间越长越好、仓储湿度越低越好，殊不知这种无法形成醇化的仓储时间是没有任何意义的。时间只是衡量醇化效果的一个维度，是影响后续品质的因素之一，而不是醇化的目的。华南干仓的优势在于兼顾仓储效率与醇化品质，即其在醇化品质上优于做仓茶，同时在仓储效率上也优于我国内陆大部分地区，这也是其从众多地域仓中脱颖而出的原因。

三、普洱中期茶投资常见误区

（一）大厂茶都值得投资

不少投资者认为，大厂等于大品牌，即使是冷门产品，也会因为品牌众多的市场渠道更容易变现，有流动性就有投资价值。

但事实上，大厂的规模化生产往往更加考虑成本，其品质通常不如一些小而美的品牌。传承有序的常规经典系列产品尚且具备投资价值，但一些定制品、非常规产品却并非如此，由于没有得到系列上的延续，没有价格体系作为参照，这类产品的价格大多数参差不齐。部分品牌在相同产品上，还有不同生产批次的区别，由于使用的原料也有所不同，二者虽然包装外观几乎一致，但品质和价格却天差地别。一线大厂情况更为突出，生产时间不同的，如果在产品标签上有记录则较容易区分，批次不同但未注明时间的，如果不开汤则几乎无法分辨。

（二）受潮茶低价也能投

很多投资者不重视仓储问题，认为只要不是人为故意做仓，无论是放在墙边、地上偶然受潮，还是出厂时未能完全烘干，最终导致普洱茶上长有霉菌，只要稍加处理，便可与干仓茶的风味口感无异，只要价格够低就能买入。

事实上，仓储环境中温度、湿度、光照等各种变量的细微改变，都会导致醇化品质发生差异，仓储过程中产生的致病微生物和黄曲霉毒素、呕吐毒素等致病毒素，都会严重影响醇化品质与品饮价值。对消费者而言，即使价格稍高，也要保证仓储的干净。选择这类仓储有问题产品的投资者，最终只会贪小失大。

第三节　普洱老茶投资的市场分析

相对普洱新茶和普洱中期茶来说，普洱老茶的品种少很多，尤其是号级茶、印级茶，可以说屈指可数。发达的资讯使其市场价格非常透明，投资者很少能够低价买入。而一饼普洱老茶的价格往往动辄数十、上百万元，整筒、整件更有一定溢价，这使得投资普洱老茶的资金门槛非常高。市场的高度认可和日益增加的稀缺性，令普洱老茶长期维持着稳定上涨的趋势，预期收益回报非常可观。普洱老茶收益虽高，但真伪辨别难度高、资金门槛高、交易渠道狭小、交易费用高、流动性差，使普洱老茶投资具有极高风险，犹如天堑般的高投资门槛挡住了众多投资者。

一、普洱老茶投资优劣势分析

从投资基础的角度来看，现有资料并不能很清晰地描述普洱老茶之间在原料和工艺上的不同。相同时期的普洱老茶之间大多只是厂商和形态的差异，相同品牌的普洱老茶更是仅有年份差异，没有明显的树龄、产地和工艺区分，而且经历数十年的仓储醇化，口感风味之间的差异并不明显。同时，相对于普洱新茶、普洱中期茶而言，普洱老茶的投资基础并没有明显优势，甚至略逊一筹，伴随品饮功能的丧失，其贬值风险也很高。

从品牌的角度来看，作为普洱茶投资领域的巅峰，和普洱新茶、普洱中期茶有所不同，普洱老茶投资更具备确定性，其生产厂商大多已经消逝在历史长河之中，即便是少数今天仍存的品牌，也早已物是人非，无法对普洱老茶产生多少影响，其品牌价值基本上已是恒定不变。

从仓储的角度来看，普洱老茶基本已经达到醇化的极致，不再追求继续醇化，仅需保持其稳定的品质，管理成本相对很低。同时，数量稀少、价格高昂也意味着普洱老茶的仓储空间小，持有成本低。

从市场供需关系的角度来看，普洱老茶的需求相对稳定，可饮用消费的特性使其不断地被消耗，不可再生的特性也使其存世量越发不足，稀缺性越来越强。即便价格逐年攀升，但买得起的消费者依旧买得起，"只有买不到的普洱老茶，没有买不起普洱老茶的人"更是说明需求的旺盛。同时，伴随普洱老茶的不断升值，持有普洱老茶的投资者也十分惜售，存量供给的严重不足加剧了这种稀缺性，也间接致使其价格不断上升。

总而言之，普洱老茶虽然长期供不应求，价格居高不下，但高昂的交易成本与封闭的交易渠道，导致供需双方极度不对称，造成了普洱老茶往往有价无市的境地。这种因稀缺性而产生的高价，收益虽高，但风险更大，投资普洱老茶必须认清其风险性。

此外，社会经济发展状况、食品安全及其他政策、社会价值认同变化也是普洱老茶的投资风险因素。

二、普洱老茶投资主要方法

（一）注重原有包装

市面上有很多专业的普洱老茶书籍，而历史上的普洱老茶品种屈指可数，对照着书籍上老茶包装棉纸和内飞的图案样式，以及其纸张材质、印刷油墨和氧化破损程度，多次实践就基本可以初步辨别棉纸的真伪。如果包装棉纸没有拆开过，则一般认为普洱老茶是真品。

这是目前市场上鉴别普洱老茶真伪的主流方法，但笔者认为只能作为参考，并不排除有不良商贩利用这一点以假乱真。原有包装能很大程度地提升普洱老茶的可信度以及市场价格，失去原有包装则会增加投资者的疑虑，从而使其价格大幅缩水。所以说，原有包装对普洱老茶来说至关重要。

（二）保持独立的思考判断

随着普洱老茶价格扶摇直上，很多投资者过度依赖工具书按图索骥买入老茶，但这些书籍很多都没有经过严格考证，鱼目混珠，书中图样真假参半，大量赝品也充斥其中，使投资者更为迷茫。同时，一些所谓的专家也以"普洱老茶鉴定专家"为名四处宣讲老茶，他们大多并非研究普洱茶文化的学者，其中一部分是研究茶叶加工、种植和生物、化学学科的学者，一部分是茶叶社会团体的"挂名"专家，在普洱茶收藏投资上并没有多少经验。

投资者只有保持理性独立的思考才能做出正确的投资决策。在普洱老茶投资上，哪怕其来源只有一点含糊不清的细节无法在历史中印证，都应该慎重，宁可错过，也不要大意下手买入。

三、普洱老茶投资常见误区

虽然普洱老茶非常稀缺，但其交易渠道非常狭窄，甚至可以说是封闭的，并非所有投资者都能够将持有的普洱老茶快速卖出。普洱老茶主要借助拍卖机构进行交易，少数依靠普洱老茶交易商进行买卖。一般来说，普洱老茶通过拍卖机构进行交易是最常见的，因为绝大多数投资者对普洱老茶的辨别能力很弱，而拍卖能保证普洱老茶的真实性，所以成交率往往能达到85％以上。但高额的佣金使得交易费用十分高昂，同时，由于国内大多数拍卖公司并不对外征集拍品，委托送拍难度大，隐性成本也很高，拍卖场次少更是导致了普洱老茶的流动性很差。伴随着越来越多拍卖公司的参与，以及线上拍卖的举办，普洱老茶的流动性稍有改善。通过普洱老茶交易商进行买卖，流动性则稍好一些，但通常卖出价格远低于市场价，因为具备这样资格的中间商并不多，伪品泛滥使得普洱老茶交易双方很难产生信任，依靠自身很难找到接盘者。普洱老茶交易往往只能通过包装辨别真伪，但相对于丰厚的利润而言，包装版面的造假成本很低。很多人认为即使包装版面无法辨别真伪，滋味却难以造假，其实不然。真正喝过普洱老茶的人很少，他们喝过老茶的次数也屈指可数，这些人之中能准确分辨出普洱老茶的仓储情况的就更少了，在这为数不多的能准确分辨普洱老茶的人之中，有资历、有权威、能够分辨且愿意告知真伪情况的更是极少数。同时，我们又很难去证明他们所接触的"普洱老茶"是否全部是真品，假如他们被误导了却又不自知，那么便存在一种以讹传讹的可能性。能够鉴定普洱老茶真伪的人寥寥无几，大多拍卖机构实际上也不具备鉴别普洱老茶真伪的能力，而目前国内外并没有任何一家机构能出具普洱老茶真伪的证明，拍卖也会拍到伪品的可能性客观存在。

第四节　普洱茶投资的基本原则与注意事项

无论选择哪个时期的普洱茶进行投资，无论计划投资额有多少，无论是入门级投资者还是资深投资者，在普洱茶投资上，都有一些注意事项需要知晓，一些基本原则需要遵守。

一、普洱茶投资的注意事项

虽然大多数投资者因为自身抗风险能力弱，在做出投资决策时往往过度担心风险，瞻前顾后，事实上投资普洱茶最难的一步就是迈出投资的第一步。普洱茶的投资周期动辄以 10 年为单位，往往沉淀的资金很多，在品牌厂商、渠道商都在投资普洱茶的今天，更要注意控制好风险。

（一）勿投资缺乏信誉的品牌

信誉是商业的根本，也是普洱茶投资的基石。商业信誉要通过长时间的积淀，一旦失信通常要花费数倍的努力才能弥补。无论品质、工艺多好，缺乏信誉的品牌厂商，或许短时间内可以走得很快，但往往很难走得远。市场上到处都是老班章、冰岛茶，但老班章、冰岛仅仅只是产品名称或者是原料产地名称却不得而知。老班章，可能并非指原料产自老班章村，只是这款茶恰好称作"老班章"而已；同理，单株也可能并非指采制于单株茶树，只不过这个产品名称更利于销售。除了故意为之的"撞名"，其实很多产品宣传文案也模棱两可，导致投资者很容易被误导。这类情况其实非常多见，不止出现在三、四线品牌，很多所谓"大厂"也存在这种情况。对于这类缺乏商业信誉的品牌厂商，投资者很难进行维权，只能尽可能敬而远之。

（二）勿跟风盲从投资

普洱茶是一种非常个性化的投资工具，通常情况下，不同投资者的价值认同与投资理念往往有很大差异。然而，投资者之间往往会相互交流，在从众效应的影响下，他们处于非理性状态，会犯下盲目跟风的错误，同时，营销热点与短期市场波动等因素也会影响他们的投资决策，这就导致投资者往往会朝着"风口"投资。"投资普洱茶一夜暴富"的故事大多来自于幸存者偏差，更多的是盲目跟风而倾尽家产的失败者，但他们的故事往往很快就会被淹没。成功的经验数不胜数，失败的原因却千篇一律，要么"闻名""看脸"投资，听到产品名称就展开无限遐想，看到名人推荐就失去理性判断；要么参与击鼓传花般的炒作，将普洱茶当作纯粹的金融工具，忽视了风险。一旦泡沫破裂，只能抱怨市场不公、庄家操纵。

市场的潮流时刻都在变化，唯一不变的是变化本身。江外"六大茶山"十年前炙手可热，而今除了布朗山之外鲜有人谈及。投资普洱茶不能只看价格、只认品牌，只有独立思考、形成自己的逻辑，才能做出正确的投资决策。没有任何投资是稳赚不赔的，一旦发现投资失误就要果断"割肉"离场，否则不但要继续付出仓储成本，资金还被占用，损失下一次的投资机会。

（三）勿过分追求最低价

从投资的角度来看，投资者要追求的是性价比，而不是追求最低价。想要买到最低价的结果，往往是在持续观望中涨价。商家也在追求利润，他们不可能"赔本挣吆喝"，所以只要买得对，就不用担心买贵了。性价比的高低是通过对比得出来的，没有绝对的高价与低价，如果一个好的投资标的价格却在不断下跌，这个时候反而要慎重投资。有一部分投资者认为，年份茶当时的买入成本很低，即使加上合理的利润，不应该比新茶更贵；也有一部分投资者认为，年份茶价格低于新茶，是因为年份茶的品质不如新茶。但其实这都是不完整的理解，不能简单地对比新茶和年份茶的价格高低，即使同一个品牌，其原料所属的季节、级别等多个因素的差异都会影响产品定价，要选择同品牌、同系列、同品质的去进行衡量。一款产品如果初始定价相对较低，投资者认可其性价比，那么在市场供求关系的调节下，其价格必然会上升回归到合理水平。相同品牌、相同系列，新茶的价格或许由于品牌厂商的因素定价过高，但年份茶的价格往往更接近合理的市场价格水平。所以，当发现优质的投资标的时，只要价格没脱离合理水平，就可以果断买入。反之，定价过低也不代表值得投资，这个低价很可能也是其真实品质的价格反映。

（四）警惕仿冒伪造产品

相比于其他行业，仿冒普洱茶的低门槛、低风险、难识别以及高利润，给普洱茶行业带来了大量的伪劣产品。打开电商平台，老班章、冰岛等名山茶的售价从数十元至数千元不等，价差之大简直令人瞠目结舌。价格过低者可以视作仿品，但高价者也并不一定为正品，现如今商家十分精明，往往以高价售卖仿冒品，部分价格甚至还高于正品。所以，价格只能作为辨别真伪的参考，并不能完全作为判断依据。

新茶的防伪标识大多数做得很好，仿冒难度较高，但一旦被仿冒出来，那么识别难度非常大，很多都是从正规的品牌经销商处流出的，即使专业从业者也很难分辨。相对而言，仿冒年份茶则容易得多，尤其是无中生有臆想出来的，更是可以任意发挥，这就需要深入了解普洱茶的发展历程。但无论是新茶还是年份茶，在买入标的时，尽可能还是从正规渠道买入，并向卖方索要发票，以便后期维权。

二、普洱茶投资的基本原则

（一）投资前充分了解投资标准

投资之前需要注意的方面很多，对刚接触普洱茶的投资者来说，发展史和产地分布是需要记忆掌握的。只有选对了用料、品牌和仓储，了解标的产量以及主要去向，了解宣传资料与标的实际情况是否相符，充分了解投资标的的所有信息，投资选择才更具底气。特别是陈年普洱茶，仅了解其品牌、价格是远远不够的，长时间的仓储使得其醇化品质与内在投资价值发生了巨大的变化，这些变化构成了新的基本面。市面上年份茶的交易大多处于柠檬市场，买卖双方的信息是非常不对称的，除了卖方披露的公开信息，还要尽可能地去收集完善其他相关资讯，规避不必要的投资风险。只有先规避风险，才能谈及投资收益。

(二) 明确投资目的，理性投资

莎士比亚说过，一千个观众眼中有一千个哈姆雷特。每个投资者的投资目的与对普洱茶投资知识的掌握程度都不同，其所能接受的风险与收益上的预期也有所差异，投资者应当根据自身的投资偏好选择投资类型。除了充分了解各个时期普洱茶的流动性、收益性和安全性外，投资者更应深刻地认清普洱茶投资的风险所在，高收益往往也意味着高门槛、高风险。普洱茶具有一定的金融属性，但它绝不是纯粹的金融产品。投资普洱茶应当以消费性需求为主、投机性需求为辅，仅仅将其作为家庭资产配置的组成之一，能够承受无法变现的后果，而不是将其作为主要投资工具。此外，普洱茶投资还是一个漫长的过程，需要对其有充分的价值认同，追求价值发现，不断地学习普洱茶投资知识，同时，还要做好投资贬值的心理准备。

(三) 选择投资"四有"品牌产品

普洱茶能够成为投资标的品，除了品质风味优异之外，还必须要是"四有"产品，仅仅只是滋味口感佳很难成为投资品。这里说的"四有"指有名气、有故事、有特点、有渠道。不同时期的"有名气"往往有着不同的含义。号级茶时代产品类别较少，商号名称就代表着品质、名气与市场价格。进入印级茶时代，有名气的茶都是国有茶厂专属，昆明砖、勐海饼、下关沱是那个时期最有名气的产品。到了名山茶时代，有名气的茶则是老班章、易武、冰岛、景迈等各大名山古树茶，老班章很多茶人都知道，"易武最好的茶都在国有林"这一说法让薄荷塘、弯弓、茶王树成为高端的代名词。在投资需求的带动下，有名气的普洱茶市场价格也往往很高，它不只意味着知名度，还代表着品质，流动性也很强。今天市场上各种经典复刻品希望借助前者的名气，吸引投资者。但并不是所有有名气的普洱茶都值得投资，生肖茶、周年纪念茶等往往很难得到投资者的认可。

　　通常情况下，这类产品的重大意义仅仅是对生产厂商而言，对投资者并不能产生触动，即使短期内可能会有强烈的价格波动，但就长期来看，往往缺乏流动性。相对于名气，茶本身的故事往往更能使人记忆深刻、口口相传，这种故事既有可能发生在普洱茶的生产之初，也有可能发生在流通环节。对投资者而言，有故事的产品往往会有更强的话题流量和知名度，也就意味着有更高的附加值，众所周知的故事使得这种投资更加安全。除了名气与故事，有特点的普洱茶往往能够令人产生深刻的记忆，让市场记住它。普洱茶不怕有缺点，但是怕没有特点。在所有感觉记忆中，视觉记忆在几天内就会淡化，而产生嗅觉和味觉的事物却能令人记忆数年。最为典型的案例就是烟香，它是普洱茶通过长期仓储醇化而产生的独特香气，在新茶阶段并没有这种香气。烟香是结合了味觉和嗅觉的感受，勐海地区布朗的普洱茶产生烟香概率较其他产区高。尤其是在自然干仓的环境下，经过3～5年的醇化，这种烟香产生的效果更加显著。此外，醇化产生的香型还有梅子香、枣香、药香等。

　　市场上往往会以霸道、刚烈之类的词语来形容老班章茶，同样的情况还有用高香清甜来形容冰岛，用细腻甜柔来形容薄荷塘等，尽管高杆、单株、橡筋茶等概念甚嚣尘上，但真正能够成为名山茶的普洱茶，往往都具备一种能够使消费者对其产生深刻印象的特点，这个特点必须可以非常清晰地被感知到。特点能够被消费者感知到的产品才能得到市场的认可，只有得到了市场的认可才会受到投资者的青睐，这也是近些年来资本依旧集中在各大名山的原因。很多人认知普洱茶品牌往往套用分析其他品类的思维，认为品牌就是知名度、美誉度与客户忠诚度的综合体现，但普洱茶有其特殊的投资属性，投资者考虑的还有流动性。作为投资，归根结底还是要回到产品卖出变现的问题上。不同品牌的变现能力不一，变现容易的品牌产品更能得到投资者青睐，而变现能力很弱的品牌产品往往缺乏流动性，对于投资本身而言，有价无市即缺乏投资价值，价格即使再高也没有实际意义。判别产品流动性强弱，最直观的方法就是看其变现渠道的多寡。很多二、三线品牌生产的年份茶价格很低但依旧缺乏投资者，即使有优异的醇化品质也往往无济于事，这是其品牌知名度低导致市场需求弱的结果，需求弱则交易频次少、交易价格低，同时妨害渠道商交易的意愿，进一步削弱其变现能力，由此形成恶性循环，很快就被市场埋没，所以投资此类年份茶的风险很大。

大厂年份茶的需求则相对稳定，即使性价比不高，但变现能力强这一优点往往会吸引很多投资者。品牌渠道商之间互相交易，同时能够协助客户将产品变现，形成了由渠道商、投资者共同构成的交易市场。具备投资价值的品牌产品往往都有这么一个公开或非公开的交易市场，渠道商在其中同时扮演了经纪人与投资者的角色，参与其中的渠道商越多，则这个市场越繁荣。但并非渠道很多的大厂都具备这种投资交易市场，很多品牌即使门店多，但渠道商如果本身不参与市场交易，或不提供变现的渠道，也很难有流动性。此外，品牌本身仓储持有大量产品，也很难完成投资的闭环，这类品牌往往都不具备投资价值。当然，这也并不是说有充足的渠道，能够形成投资市场的品牌大厂就具备投资价值，渠道的多寡以及厂商的市场策略也影响市场的稳定程度。遇到一些突发性偶然事件，如持有者急于变现而市场无法承接的情况，就会对脆弱的投资市场产生巨大冲击。

（四）通过投资逻辑判断进出场时机

成功的普洱茶投资都是从买入开始，买入价的高低直接决定了投资的成败，这也是影响长期回报率的重要指标。判断买入价的高低一般是通过计算公允市价得出来的，所以，每项投资要做的第一步就是给投资标的定价，对比公允市价与当前市场价格，形成自己的价格判断，而不是盲目地去看市场价格的变动。"一分钱一分货"这种说法在普洱茶投资领域并不成立，因为定价完全是由商家的预期利润决定。干旱、冰雹或倒春寒等情况导致茶树减产可能是事实，但并不能成为定价过高的理由，很可能只是卖方的利润所在，即便是品牌厂商给出的指导价，也仅供参考。普洱茶投资是一种零和博弈。我们必须先认识一点，就是没有任何人可以买到最低价，也没有任何人可以卖到最高价，不要因为一时价格的高低贻误时机，只要在合理的价格区间都可以买入或卖出。高明的投资者不仅能够给投资品计算定价，而且往往有自己的投资逻辑，通过这个逻辑来判断进出场时机，知道什么时候买入、什么时候卖出。但很多投资者并没有注意到这一点，而是通过设立止盈点和止损点来决定买卖时机。但市场往往是瞬息万变的，没有人可以预估到市场的走向，所以不用执着于预设的盈亏点，一旦投资逻辑发生重大不利变化就要果断离场。除此之外，还要学会适时保持空仓，普洱茶的投资机会常有，但资金回收却是缓慢的过程。

（五）形成投资组合分散风险

投资普洱茶是一项耗时长的事情，并不能一蹴而就，往往需要将多个看好的标的物形成投资组合，这种组合通常由不同品类的单品共同组成，孤注一掷地选择更像是一场赌博。投资者可以根据自身资金情况和风险承受能力来选择配置投资组合。将不同名山产区、不同品牌和不同年份的按投资比例形成一个投资组合，或许收益会相对低一些，但更能分散投资风险。谁也无法预测今天备受追捧的名山产区 10 年之后是否如常、品牌的口碑与市场策略如何变化、未来消费者的喜好如何偏移，谁也不敢妄下定论。不确定的事情有很多，但可以确定的是就普洱茶投资这件事情本身，会有更多的品牌厂商参与，以及更多投资者产生价值认同。通过这个前提假设，综合大量的品牌资讯，结合对普洱茶产业趋势的前瞻性判断，然后选择最有前途和投资机会的品牌产品去投资，也就是买最好的"赛道"，而不是买某个选手。在 10 年前就能预测大益、陈升号、中吉号有今天的发展是几乎不可能的，但是行业发展趋势是可以预测的，只要行业能够持续发展，那么就一定会有像此三者一样的品牌出现。

（六）价值投资，坚持长期主义

尽管普洱茶投资市场在不断波动，但从历史长期来看，总体走势是上涨的。时间对于价值投资是关键因素，真正高明的投资者不会刻意关注短期的市场波动，正如巴菲特所说：如果无法持有十年，那就不要持有一天。八八青饼价格今天每片已经到了 20 万元，哪怕陈国义先生还能持有 10%，那么今天的货值大约是 6 亿元，当然这仅仅只是一个假设，事实上早已所剩无几。但他在持有八八青饼的 10 多年里，从中至少也获取了过百倍的回报。这一事件足以说明，成功的投资几乎都是长期持有，而短线操作往往会被交易费用侵蚀掉大量利润。所以要坚定持有，坚持长期主义。

三、普洱茶投资的常见误区

（一）私房茶的投资价值更高

很多投资者会误认为，私房茶是商家到茶山上亲力亲为全程跟踪采制的，其流通环节少，营销成本低，所以相对于品牌厂商的产品，私房茶的原料来源更真实，产品品质更高，销售价格更低，故而私房茶盈利空间更大，更具备投资价值。若单纯从品质角度来看，的确有一小部分私房茶的品质十分出众，甚至超越了很多一线品牌厂商的高端产品，但私房茶的弊端也很明显。其一，私房茶的包装大多都很简陋，极易仿冒；其二，并非所有私房茶的商家都是以诚信为本，更多缺乏信誉的商家以次充好，打着"私房茶"的旗号骗取消费者的信任，以至于私房茶市场中存在劣币驱逐良币的现象；其三，私房茶一般都面对熟人圈子市场，缺乏足够的人参与交易，这就导致了私房茶几乎没有流动性可言。所以，除了小部分私房茶会被消耗掉，其余大多都成为库存。收藏并不等同于投资，所有具备品饮醇化价值的普洱茶都可以收藏，但只有具备流动性的才能够作为投资标的。从投资的角度而言，缺乏流动性就等同于没有投资价值，很难得到投资者的青睐。

（二）投资品种越多，风险越小

不少投资者都习惯零散投资普洱茶，几乎每座名山古寨的茶都有收藏，几年下来，投资品种多达二三十个，相同品种多则数件，少则数片，认为这么做可以分散风险。首先，暂且不论所投资的品种是否具备投资价值，但是投资组合过于分散，会导致投资者精力无法跟上，同时会容易造成资金分散，即使有一两个品种的单品收益率很高，但实际收益往往并不多。此外，投资组合内如果有多个品种投资失败，会严重拖累整体收益。其次，只有形成最小交易单位的投资才具备价值。市场上的普洱茶大多是以整件为单位进行交易的，以片为单位零散购入的普洱茶通常情况下是无法再次交易的。而且，零散单片的普洱茶一方面不利于后期醇化；另一方面也很容易吸收异杂味、存放失当，导致品质劣变失去品饮价值。

对于非专业的投资者，笔者建议投资的品牌厂商不要超过3家，相同品牌的投资品种也不要超过3个；专业投资者可以稍多一些，也可以根据资金情况有所增加。

（三）"越陈越香"等同"投资增值"

很多投资者会将"越陈越香"与"投资增值"视同，认为只要普洱茶的醇化品质有所提升，其市场价格也会随之增长。但这个观点并不完整，存在一定误区，"投资增值"并不等于"价格增长"，两者有一定关联性，但并不存在因果关系。的确，普洱茶的醇化品质的提升，会带来价值的增值，但只能视作其价格增长的基本面。市场价格是由供求关系决定的，需求的增加、供给的减少、稀缺性的产生才是价格增长的根本原因。当一个投资品种缺乏做市商时，这个市场只会是一潭死水，其价格往往一成不变。尤其是大厂的渠道定制茶，投资之后的价格往往连续几年都没有增长。当遇到这种情况时，要么亲自下场做市，要么将其交由他人做市，并无其他选择。

第六章 大数据下普洱茶市场分析与产业创新发展研究

随着科学技术的发展和人民物质文化生活水平的日益提高，消费者对普洱茶的要求也不断提高和变化，普洱茶的营养价值和口感，越来越受到消费者的普遍重视。以普洱茶产业提质增效、绿色生态、营养健康、质量安全为重点发展目标，普洱茶产业科技正处于从量的积累到质的飞跃、从点的突破到系统提升的重要时期。

第一节 普洱茶产业国内发展现状

一、中国普洱茶市场现状

2021年，在全国18个产茶省中，云南是全国茶园面积最大的省份，达740万亩。云茶产业也是云南省最主要的民生产业之一。云茶有普洱茶、滇红、滇绿、白茶、花茶等花色众多的茶产品，其中普洱茶和滇红为主导产品。普洱茶2019—2021年连续三年排名第二，其中2021年普洱茶品牌评估价值达73.52亿元，品牌收益40 057.96万元。就目前来说，我国普洱茶市场已经由过度炒作逐步回归理性，产品的价格回到本身的价值水平，产销相对平稳；市场逐渐规范，大品牌已经形成，产业结构不断优化，综合能力也逐渐提升。总体来看，普洱茶消费群体日趋成熟，整个产业呈现出健康蓬勃发展的景象。

二、普洱茶消费市场发展趋势分析

（一）普洱茶市场年轻化

目前，茶叶消费群体年轻化趋势更加明显，"80后""90后"逐渐成为消费的主力；茶叶外销也将继续扩大，预计未来几年全国茶叶出口量将止跌回升。此外，随着越来越多的茶企进入资本市场，金融对茶产业发展的影响不断增强，推动云茶产业继续稳步快速发展。茶行业的从业者们应该更多关注这些新情况、新势头，用好资本市场的正向力量。

（二）普洱茶市场国际化

21世纪，随着我国加入世界贸易组织（WTO），在世界经济一体化的背景下，茶叶出口拥有更广阔的国际市场。自2002年以来，我国茶叶出口始终呈增长的大趋势。茶产业地位不断提升，人们对茶产业的认识也有很大提高，这些因素促进了茶产业的发展，提高了茶叶的经济效益，推动了茶叶出口贸易的发展。近年，云南茶叶中的特有茶品——普洱茶的发展势头迅猛，受我国港澳台地区市场的影响，我国大陆地区掀起了"普洱茶热"，并且这股热潮带动了普洱茶的出口。在东南亚市场、欧洲市场和美洲市场，普洱茶都受到了广泛的欢迎。在世界茶叶贸易日趋激烈的竞争中，普洱茶的出口具有明显的竞争优势。因此，面对这前所未有的发展机遇，应推动云南普洱茶进一步扩大出口，提高出口创汇能力，提升普洱茶的国际竞争力，这些措施对云茶产业的发展具有重要意义。

第二节　普洱茶产业国外发展现状

一、外国人眼中的普洱茶

中国传统茶饮在西方国家相对来说属于小众茶，而普洱茶更是小中之小。从互联网搜索热度上，可以看到红茶在美国的流行指数比普洱茶高 4～6 倍，绿茶则比普洱茶高 25 倍。随着文化交流的深入，普洱茶以其独特的品饮风味和健康作用进入国际视野，故对外国人而言，普洱茶也并非完全是天外之物，只是由于地域限制和文化差异，这种关注常常带有猎奇色彩，有些认知难免有所出入。为了更好地了解外国人眼中的普洱茶，根据对产品认知的准确性和对产业的影响，将国外普遍存在的对普洱茶的印象进行了以下归类：不准确但积极，不准确不积极，准确但不积极。

（一）不准确但积极

1. 普洱茶非常贵，甚至可以说是最贵的茶

很多对普洱茶有所耳闻但是很少喝过的消费者对普洱茶的印象首先就是贵。当然，由于建立在以往茶叶消费价格上的期望值、个人可支配收入和个体消费习惯不同，贵的定义也是流动的。但是普洱茶贵这个笼统认知在初涉者中普遍存在，许多媒体和自媒体对普洱茶的介绍也都从此入题。

2. 普洱茶高深莫测，只有资深茶人（国外）才有资格和机会涉猎

海外消费者对普洱茶的另一种印象是，少数对茶叶极有研究和具备极高鉴赏力的人才能有机会喝到这种茶，这类描述会特别强调普洱茶的稀有。一方面从价格昂贵的角度来暗示它的独特；另一方面也是因为西方对黑茶知之甚少，因而普洱茶常被误认为是唯一有微生物作用的茶，是唯一的黑茶。

3. 普洱茶年份价值为最重要因素

另一个对普洱茶普遍存在的认知是，普洱茶与其他茶饮的最大不同在于其具有陈年存放的潜力。这一特点常常从价值和稀有的角度被夸大，并与之前提到的昂贵认知互成因果，形成逻辑的闭环。从这个认知角度，消费者可以与葡萄酒的陈放潜力和相关的价格升值进行比较，进一步强调这一概念。

4. 普洱茶健康功效堪比药物

在国外，普洱茶的健康益处被人们熟知，而这一话题又多围绕着普洱茶（熟茶）进行。比较常见的有外国人把普洱茶当作减肥茶，用以预防甚至治疗癌症，以及认为其有美容功效。普洱茶还常常被关联到神秘主义和玄学，喝茶的愉悦感被夸大成治愈精神的良药。普洱茶虽具有养生功效，但其是一种健康饮品，而非保健品和药品，绝不能代替药物使用。

5. 普洱茶是历史最悠久、最特别的中国茶

很多外国人认为普洱茶历史悠久，是中国最重要也是最特别的茶。而这种观念又常常伴随着一些普洱茶神秘故事而产生，如中国台湾爱茶人如何遍寻古茶树，古老的茶叶失而复得等一系列夸张且极具故事性的宣传。很多人会提及这种充满东方浪漫色彩的喝茶体验，认为是属于普洱茶的独特感受。

从这几点我们可以看到，海外对普洱茶的认知不够准确但是并不是无中生有。大多是属于对事实的夸大。这些认知虽有误区，但是其出发点是好的，对普洱茶的发展有积极的作用。在普洱茶的宣传上如果适度把握这些已经存在的消费者认知，再加以历史和科学进行引导，是会对行业产生有利的影响的。

强调价格的昂贵和产品的稀有，会产生奢侈品行业常见的凡勃伦效应（Veblen effect）和虚荣效应（Snob effect）。在这种效应中，消费者以与产品产生联系而自豪，而价格本身不仅不会降低消费，反而成为了一种消费吸引。在这种思维模式下，对普洱茶的了解和消费成为炫耀财富、阶级、品位或智慧的资本。有效引导便会产生从众效应（Bandwagon effect），产生更多的消费欲望，从而打开更大的市场。

普洱茶与葡萄酒的类比，可以减少西方消费者对普洱茶了解的时间成本。而有参照物又可以帮助消费者建立起价值期望，有利于普洱茶定价背后的逻辑陈述。美丽与健康对于当今的消费者而言有巨大的吸引力。与国内提起养生便联系到老年人不同，从近些年抹茶在欧美国家的风靡，便可以看出在西方，养生是与美

丽和时尚的生活方式相联系的，契合现代积极高效的生活理念。

（二）不准确不积极

1. 新茶是不能喝的

新茶不能喝是国外消费者对普洱茶的一个普遍误解。这种不准确的认知与普洱茶越老越值钱是一体的，是属于同一逻辑的逆向推断。与认为普洱茶的价值会随着年份的增加而增加所产生的正面认知不同，新茶不能喝这个认识会让消费者产生对新茶的抵触心理。这不仅降低了消费者购买新茶的欲望，而且会莫名延长产品的销售周期，还会让需求进一步朝老茶倾斜，产生价格和供需的不平衡。

普洱茶陈放升值的理念中对老茶的追捧和对新茶的踩压，看似有益于前者，实则不然。从更广阔的局面看，新茶既然不适合喝，这也意味着购买了新茶的消费者必须在消费后，进一步付出更多的精力和时间，才能够享受产品带来的价值承诺（饮用）。这种产品价值结构与现代的快消费理念不符。潜移默化中，不仅使新茶的市场受损，普洱茶这个产品总体的价值定位也受到负面影响。

而且在营销的过程中，消费者对新茶到底能不能喝，什么时候才能喝这样的疑虑会增加整个销售链的信息沟通成本。产品信息的复杂性会进一步降低消费热情和信心，让普洱茶始终在小众饮品的圈圈里打转。

2. 普洱茶（尤其是熟茶）不洗不能喝

这个误解通常来源于中国工夫茶冲泡方法中的洗茶步骤。在西方，这一步骤被认为是为了清洗茶叶，而且还颇流行。虽然很多爱茶人说他们并不介意茶叶是否洗过，甚至以这种不介意作为彰显自己爱茶至深的炫耀，但是这种误传不利于普洱茶的广泛传播。

茶叶洗过才能喝这种观念会引导消费者认为在茶叶生产和运输过程中卫生状况无法保证，农残欠缺管理。更有人声称普洱茶

（熟茶）表面微生物过多，洗掉才能放心饮用，这样的误传更是让犹豫是否购买的消费者敬而远之。

3. 熟茶是生茶人工做陈的产物

这是在国外普洱茶消费者中最普遍存在，又最根深蒂固的误区。这个对普洱茶的错误认知导致的负面影响主要有以下五点。

第一，不仅误解了普洱茶的发展历史，也进而产生了由错误的假设导致的逻辑错误。这个错误的认知始于一种说辞。熟茶是基于对有年份的生茶的大量需求而产生的。因此，外国的茶友们认为熟茶就是对陈年的生茶的模仿，它是与新鲜普洱、干仓普洱、湿仓普洱并列的第四种普洱，可以理解为速成普洱。

第二，产生了错误的熟茶与生茶的区分标准。在这个逻辑里，熟茶一定逊于生茶，因为它就是一个仿制品，无法超越更正宗的普洱茶，即普洱茶（生茶）。

第三，对普洱茶从制作到存储到滋味变化等一系列的细节产生严重的概念混淆。基于这种生茶、熟茶之间的错误联系也默认了另一个错误的概念，那就是生茶最终会变成熟茶，只是推动这个进程的是自然、是时间，而不是人为的方法。熟茶的渥堆工艺代替了生茶陈放的时间；而生茶陈放过程中的时间积累便等同于熟茶渥堆的效果。

第四，为湿仓存储提供了不科学的理论基础。因为在这个逻辑中，湿仓与熟茶最大的不同便是人工辅助做陈的程度不同，认为湿仓存放是做熟茶过程中的一个环节。

第五，产生不科学的普洱茶陈化理论。从这个理念出发，外国茶友还得出结论：因为熟茶已经"提前陈化"，因此其陈化潜力要比生茶低。熟茶不可存放过久，需要及时饮用以不辜负通过渥堆已然达到的陈化节点。尽管普洱茶陈化的很多细节仍待研究讨论，但是基于这种错误假设之上的普洱茶陈化理论是不科学的。

（三）准确但不积极

国外消费者关于普洱茶的一个负面认知就是它的价格高、缺乏透明度且波动较大。高价位首先会提高消费者的购买门槛。而购买决策的复杂性，会劝退很多怕麻烦不想做功课的潜在消费者。在美国人的日常消费中，3～5美元是一杯普通咖啡的价格，某些特色咖啡可能会卖到7美元。这种小而有所区分的差价会让好奇的消费者更愿意"尝试一下"。而普洱茶常见市场价格浮动在不到几美分到几十美金一泡（以7克算）。

葡萄酒也有很大的价格波动，虽然很多葡萄酒的消费者也并不完全了解其背后的定价因素，但是在文化上，葡萄酒的这种价格的差异性已经有了默认的合理性，消费者对价格所对应的品质因素也有默认的信任。而这种文化环境是目前普洱茶在国外所不具备的，因此价格的重大差异便会成为普洱茶市场发展的阻力。

二、普洱茶在国外的消费人群

（一）已存在的茶叶消费者

在国外有喝茶习惯的人群是最积极探索新茶饮的消费群体，也是更愿意尝试和接受普洱茶的群体。一份针对国外人群的调查问卷显示，2%的饮茶者说自己只喝普洱茶，13%的消费者偏爱普洱茶，而53%的喝茶者则是把普洱茶列为众多涉猎茶饮中的一种，无特别偏爱。但是因为国外喝茶人群，对花果茶和调饮茶与六大茶类的区分不是很明确，所以很多人对苦涩味会比较敏感。普洱茶作为滋味浓郁和苦涩味偏高的茶有时候会让习惯了花果茶和调饮茶的消费者不喜。另一方面，有一些从咖啡转向喝茶的人群，或者觉得绿茶、乌龙茶缺少刺激性的人群，则被普洱茶滋味的复杂性和浓强度吸引。

（二）文化型消费者

对众多国外茶叶消费者进行调查发现，除了色、香、味等感官认知外，普洱茶的历史与文化也是吸引消费者的主要因素。这里包括普洱茶历史和云南独特民族文化，也包含中国历史和文化。

在这个框架下，我们还看到了浪漫化的东方主义的影响。普洱茶的神秘、古树的沧桑、少数民族的原生态、自然、能量等概念与字眼都与当代人的追求高度契合。在调查中可以看到，还是有相当一部分的国外消费者把普洱茶作为现代灵性生活的一个部分。也就是说在味觉享受之上，普洱茶还提供了一种心灵享受。

（三）美食家与葡萄酒消费者

这一类消费者有着对味觉嗅觉的极度追求，就好似艺术收藏家一般，对滋味特别讲究，也愿意投入精力和金钱。普洱茶滋味独特，兼具复杂与平衡，是非常吸引这一类消费者的。这一类消费者剖析普洱茶的角度也多使用从其他高级食材和葡萄酒中借鉴的概念，尤其强调产地与做工。而且这类消费者早已习惯在饮食方面一掷千金，普洱茶的高价格并不会成为消费阻力，甚至还会激发兴趣。

这类消费者已经习惯了用滋味衡量价值，也就是凭主观感觉（味觉、嗅觉）去分析滋味的细节差异，对自己的判断有一定的信心，受营销概念干扰小。但是这类消费群体也会对海外普洱茶销售产生压力，质量与价格不合理容易使这部分消费者失去兴趣。

三、普洱茶在国外的消费方式

有研究结果显示，普洱茶每 100 克卖 20～60 美元是消费者最常认同的价格。如果以每泡 7 克计算的话，消费者每次饮用普洱茶的价格在 1.4～4.7 美元。咖啡在美国的均价大概是 0.27～0.41 美元一杯。相比之下普洱茶的饮用成本高于咖啡好几倍，这样的差距会对普洱茶的普及产生一定的影响。

由于普洱茶在国外还没有进入主流市场，所以普洱茶销售以小商户为主，还有很多从消费者变成经营者的情况。由于国外经营网店十分容易，兼职在网上卖茶的也很多，而消费者也颇为习惯从网上购买普洱茶，缺少标杆性企业也是普洱茶定价混乱的原因之一。普洱茶的货源可以分为三类：国内知名品牌的倒手再卖、国内不知名品牌的倒手再卖和自有品牌。但是随着消费者有能力在国外进行国内品牌普洱茶的价格比较，倒卖知名品牌普洱茶就失去了价格优势，渐渐比较少见。像中茶、大益、下关等茶厂的普洱茶，由于国外售卖者并不是经销商，而只是把零售买来的茶转手卖掉，很多新茶便没有什么利润。但是陈年的普洱茶却可以有比较大的定价空间，也符合国外普洱茶消费者的需求，因此更受欢迎。

而国内销售的普洱茶五花八门，一些在网上不容易被搜到的普洱茶产品在国外更容易被赚差价。这是因为近些年越来越多的经营者使用自己的品牌售卖普洱。而这些经营者销售的茶产品大都原材料来源不详，加之海外普洱茶市场又完全不了解鲜叶价格和普洱茶的生产链，就很容易导致价格混乱。

普洱茶的神秘色彩更是让很多消费者看人买茶，坚信人对了，茶就对了。调查结果显示，除了产地，对卖家的信任度是最主要的消费因素。在缺少标杆品牌的现状下，这种消费信任常常建立在对卖家个人的信任之上。很多卖家都作为个体活跃在一些与茶相关的论坛和自媒体渠道，并经常输出普洱茶相关信息，而这就是国外消费者了解普洱茶的主要渠道。外国消费者对普洱茶的认知基本上都来自普洱茶卖家的输出，这也是信息混乱的主要原因。

四、普洱茶在国外与国内的差异

外国人在了解中国茶的过程中，常常会因为对中国的历史和文化所知有限而产生很多误解。例如，在说到神农氏的时候，外国人通常会说这是中国古代的一位皇帝。而有些关于普洱茶的玄虚概念，如茶气，在国外更是被放大解释，关注程度远胜国内。

　　很多普洱茶的消费者会直接进行这样的询问："什么普洱茶最有茶气？我什么时候才可以感受到茶气？"似乎茶气是具体的、可量化的。虽说国人也常说茶有灵气云云，但多是文学表达，鲜有上升到执着追求的地步。

　　另外，国外茶友了解中国茶（尤其是普洱茶）的渠道主要是中国台湾、中国香港和当地的中国城，而中国城又以广东、福建人为主导。这常常导致国外茶友对普洱茶的认知是架空的，很多概念得不到类比的机会。很多人第一次接触到普洱茶是通过广式早茶。这与国内茶友有对六大茶类的基本了解，又有多渠道信息来源是有所不同的。

　　因为早期的海外普洱茶市场是被主要厂牌垄断的，国外消费者认为普洱茶主要靠拼配。拼配已经成了在毛茶制作和原材料品质之上最重要的工艺。虽然现在一些国外的茶商也都在经营自己的品牌，但是依然大力宣传自己的拼配工艺特殊以吸引客户。这与国内盛行的山头茶、古树茶、小品牌强调差异性优势、厂牌大众化等截然不同。

　　在国外由于围绕咖啡的讨论比较多，大多数消费者对咖啡因持负面看法，并很在意咖啡因对睡眠的影响。很多人会简单地把茶分为含有咖啡因的和不含有咖啡因的（花果茶），并坚持只喝不含有咖啡因的茶，或者下午开始就不喝含有咖啡因的茶。虽然在国内大家也知道茶叶含有咖啡因并会因此进行饮用习惯的适当调整，但是在国外咖啡因可以成为一个潜在消费者是否喝茶的决定性因素。而普洱茶因为苦涩味较其他茶类偏重，很多人会根据直觉认为普洱茶的咖啡因含量高而不选择饮用它。

　　中外喝茶都会用到茶壶，用普通茶壶冲泡普洱茶也并无不可，但是因为普洱茶的文化印记颇重，国外很多先前接触过工夫茶的茶友又坚持只用盖碗和紫砂壶冲泡，造成了大家认为冲泡工夫茶的方法是冲泡普洱茶的不二选择，甚至是必要的。这种对形式的重视有时胜于国内茶人，而很多潜在的消费者也因为觉得自己还不具备完美冲泡普洱茶的能力，而推迟或不选择饮用普洱茶。

在西餐文化中，佐餐饮品是颇有讲究的。以葡萄酒为主要参照的餐饮搭配已自成理论，并且具有一定的流行程度。很多国外的茶友对茶饮搭配菜肴也非常好奇并有很多的尝试。虽然目前还没有太多共识，但这是非常具有潜力的一个方向。茶多酚对口腔的刺激与葡萄酒的丹宁非常相似。抛去酒精和咖啡因不说，两种饮品的滋味结构从香气到口感到回味都非常具有可比性。而普洱茶作为内涵物质极为丰富的茶类更是十分适合搭配多种食材。

普洱茶若是能像葡萄酒那样走向餐桌，与高级菜肴合理搭配，就会大大减弱品饮方式复杂所产生的门槛。毕竟高级餐饮中复杂才彰显讲究，原本的不利因素在这样的前提下反而变成了与西餐文化接轨的有利条件。

五、普洱茶在国外的发展趋势

虽然这些年普洱茶在国外的知名度渐渐打开，但是目前仍然属于小众饮品。在美国这种饮茶文化并不兴盛的庞大市场中，普洱茶的影响还十分有限。很多亚文化圈对普洱茶的追捧对此并无帮助，甚至不利于普洱茶向大众市场进军。

从 2015 年开始，抹茶在美国市场迅速流行，从原本与普洱茶一样缺乏关注发展到今天，成为和咖啡同样具有竞争力的含咖啡因饮料。这个过程中有很多经验都是普洱茶可以学习的。抹茶也是历史悠久、文化印记深厚的茶类饮品。但是它在走向美国大众市场的过程中弱化了这个文化印记，而强调了抹茶的健康作用以及比咖啡更舒适的咖啡因反应。

普洱茶信息的复杂和混乱是其在国外发展的不利因素。这不是要摒弃普洱茶从历史到文化的丰富性，而是需要在进行信息传递时做到主次有序，用简化的信息赢得消费者的注意力。传统的抹茶饮用过程复杂，非常不适合现代人的生活节奏。在打入流行饮品市场的过程中，抹茶找到了类似咖啡模式的替代调饮——抹茶拿铁。加上健康喜人的奶绿颜色，抹茶得以让消费者在适度熟悉的文化中感受到新奇，迅速锁定了现代、健康、时尚的定位。

抹茶适合调饮，一部分原因是因为高品质的抹茶本就带有奶香，加入牛奶并不突兀。而且因为是末状茶，调饮也不会被牛奶冲淡立体的口感。而普洱茶作为清饮，是否适合以调饮的方式进入流行文化还有待商榷。普洱茶作为清饮，与咖啡市场的主要竞争力也只是停留在健康和换一种咖啡因这两个概念上。又或者，普洱茶的目标市场与葡萄酒的更为相似，产地、品种、树龄、工艺、贮藏转化，这些都是两个饮品可以一一对应的概念。当普洱茶可以在信息层面（产地划分与保护、品质监管、防伪机制）以及价格与价值之间建立起与葡萄酒一样的高信用度时，完全有可能凭借滋味和口感上的复杂性成为替代葡萄酒的非酒精类饮料。

普洱茶想要打开国际市场还需要专业又多样化的人才。无论是葡萄酒还是咖啡行业，除了需要走在产品一线、对饮品本身具有了解的专业人才，也需要很多战略营销、市场、媒体等多方面的专业性人才。这样庞大有序的人才梯队是一个行业兴起的必要条件，也是一个行业成熟的象征。

在国内除了鼓励有志于从事普洱茶行业的年轻人学习好茶叶相关知识，也应鼓励大家从产业的角度，选择一个合适的职业发展。普洱茶在国外虽然没有爆发式的发展，但总是在不断地走向主流市场。在这个酝酿的过程中，需要理清楚普洱茶走向国际市场的切入点，精准取舍，这样才能抢占话语权，蓄势而发。

第三节　普洱茶的产业创新

随着科技的发展和创新，以及普洱茶品控机制研究的日益深入，传统的普洱茶行业也走上了高科技的轨道。新品种、新工艺、新设备和新技术的应用，使普洱茶呈现出更加风味化、功能化、数字化、智慧化、科技化、人文化、养生化、科学化、品牌化等发展特点，并且逐步迈入全新的时代（图6-1）。

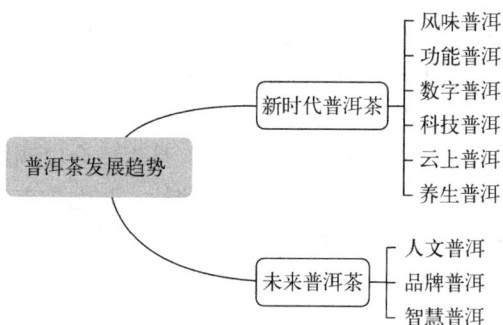

图 6-1 普洱茶时代图

一、风味普洱

风味普洱（图 6-2）指通过特定的加工工艺，减少或增加某些风味物质使其口感发生变化，形成特定风味。如利用优势/不同微生物菌种，控制普洱茶风味。

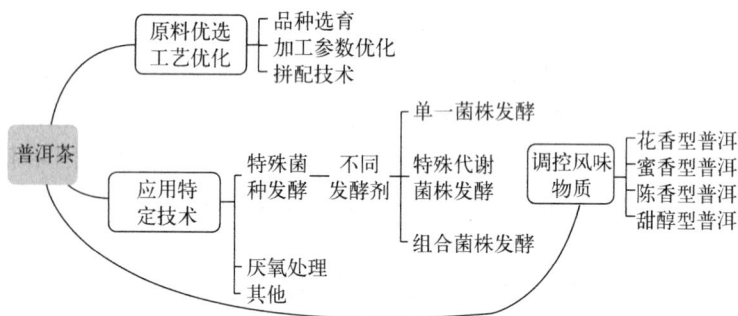

图 6-2 风味普洱

伴随着普洱茶风味化学和品质化学研究的深入，不同品种、不同地区或山头、不同陈化年份、不同级别，乃至不同微生物菌种发酵等因子所导致的普洱茶产品风味差异逐渐被揭示，其内在的调控机制也逐渐被探明。基于此，通过品种选育、原料优选、工艺改进、拼配精制和有益菌应用发酵等特定技术的应用，能够使普洱茶中富集某些特定的风味物质，从而实现普洱茶的风味定向化生产，这也是普洱茶发展的主流趋势之一。

在原料选择和加工工艺改进方面，基于云南丰富而独特的茶树种质资源，加强特色风味茶树品种的优选优育工作，进一步强化品种优势和品种特色，为风味普洱多元化发展提供优良且多样的种质资源基础；根据不同品种茶树鲜叶内含风味前体物质的基础差异，调整制定出更加适宜特定品种的加工方案；通过调整普洱茶加工过程中的技术参数，或通过拼配等精制技术的优化与精进，更进一步凸显不同品系、不同山头茶树原料加工而成的普洱茶特色风味（如花香型、蜜香型、果香型、清香型等），从而使普洱茶的风味类型多样化。

在特定技术的应用方面，基于普洱茶微生物固态发酵过程中微生物群落结构的多样性，以及不同菌种的适宜生长条件与代谢产物和催化作用的不同，调控普洱茶发酵过程中的优势作用微生物菌群，促进普洱茶在发酵过程中风味物质发生定向变化，从而形成具有特定风味的普洱茶，如陈香型、药香型、枣香型、樟香型、荷香型、木香型、甜醇型等。目前周红杰名师工作室团队已成功应用黑曲霉发酵获得陈香独特、滋味醇厚甘滑的普洱茶；应用酵母菌发酵获得陈香透花香、滋味醇和回甘的普洱茶；应用根霉菌发酵获得陈香馥郁、滋味醇和清爽的普洱茶；应用红曲霉发酵获得曲酯香独特、滋味醇厚的普洱茶等。

二、功能普洱

功能普洱（图6-3）指从功能营养物质角度出发，研发富含功能物质、保健功能的特色普洱茶（产品）。

大量的基础研究数据充分证实，普洱茶中茶多酚、氨基酸、茶色素、茶多糖等多种功效物质具有显著的保健功效。功能普洱主要通过品种选育、工艺控制等手段增加普洱茶中的功能成分，使其对人体具有养生作用，增强机体免疫能力，提高免疫功能。通过特色茶树种质资源筛选、特殊茶树品种选育手段，培育出低咖啡因、高茶多酚、高氨基酸、高花青素（代表性产品：紫娟茶）等茶树品种以及通过特殊工艺控制，包括物理处理方法调控（如 GABA 茶）、微生物处理方法调控（如 LVTP 茶）、酶处理方法调控等实现保健功能定向化新型产品开发——降脂功能普洱、降压功能普洱、降糖功能普洱、抗癌功能普洱、抗衰老功能普洱、抗抑郁功能普洱、养胃功能普洱、降酸功能普洱等。

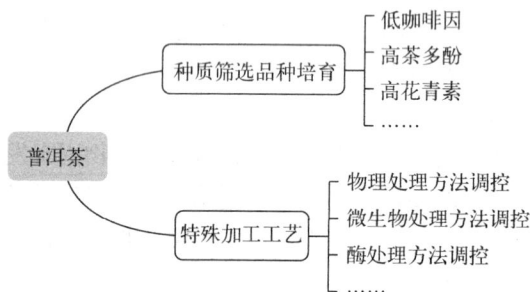

图 6-3　功能普洱

三、数字普洱

数字普洱（图 6-4）指通过技术创新，应用有益菌进行发酵或应用新工艺技术，精准调控普洱茶内含成分含量，生产出品质特征鲜明、某种功能活性成分含量较高、具有定向风味或养生功效的新型普洱茶，是普洱茶的标准数字化体系的综合体现。

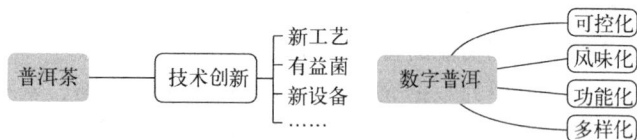

图 6-4　数字普洱

四、科技普洱

科技普洱（图 6-5）指从茶园到茶杯整个产业链中各环节应用标准化、可控化、智能化的科技创新设备和技术手段，实现普洱茶加工生产中的标准可控，提质增效。

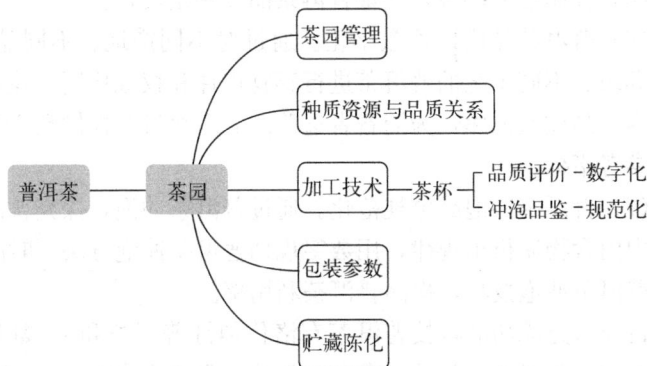

图 6-5　科技普洱

科技普洱是经过对云南普洱茶（熟茶）二十年探究，通过深入研究普洱茶品质形成过程，对普洱茶中有效物质进行精准精细重组，促进功能增强且品质提升的技术创新成果产品。

（1）茶园管理标准化。通过茶园管理系统化、茶树种质生长可视化、茶园生态可控化，使生产原料来源标准化，提升生产原料品质。

（2）茶树种质资源与品质关系数字化。通过对茶树品种、茶产品等进行科学研究及技术成分检测，用科学的视角探寻普洱茶内含成分，建立普洱茶挥发性及非挥发性成分含量数据库，提升普洱茶品质，为开发更多风味性、功能性等普洱茶提供数据支撑和理论指导。

（3）加工技术可控化。通过对普洱茶加工中各流程温度、湿度、物质变化等进行记录和检测，建立生产参数及物质变化数据库，形成数字化生产模式。

（4）包装参数标准化。通过对普洱茶包装材料、标准、类型、规格等进行研究，用科学的数据确保普洱茶包装的安全性和多样性。

（5）普洱茶贮藏陈化智能化。通过对普洱茶贮藏环境、条件、内涵物质及贮藏中代谢物的变化进行监测和检测，建立贮藏数据库，控制贮藏环境，保证普洱茶品质稳定转化。

（6）普洱茶品质评价数字化。通过对不同产地、不同品种、不同等级、不同工艺的普洱茶进行感官审评和权威检测，建立感官及内在品质数据库，为消费者选购高品质普洱茶提供数字化的理论参考指标。

（7）普洱茶冲泡品鉴规范化。通过普洱茶冲泡，探究普洱茶冲泡中内含物质析出规律，用数字规划普洱茶冲泡方法、时间及不同普洱茶冲泡技巧，提高普洱茶利用率。

目前研究成功的科技普洱茶有洛伐他汀普洱茶和 γ-氨基丁酸普洱茶。洛伐他汀熟茶汤色红浓明亮，陈香馥郁持久带酯香，滋味甜醇回甘，功能物质洛伐他汀含量应超过 100 毫克/千克；γ-氨基丁酸生茶汤色绿黄明亮，嫩香高扬持久，滋味鲜浓回甘，有效成分 γ-氨基丁酸含量应大于 150 毫克/100 克。随着科学技术的发展，科技普洱在未来也将大放异彩，将会涌现出更多科技含量更高的普洱茶，不仅为普洱茶的发展打下坚实的技术基础，而且有益于人类健康。

五、云上普洱

云上普洱指通过以茶叶生产链为基础、信息技术为核心，以大数据、物联网和人工智能为手段，创建"从茶园到茶杯"全生命周期的可视化监控、智能化调控体系，实现源头可控制、过程可追踪、质量有保证、安全可追溯，促进茶产业繁荣健康、可持续发展。

实现从茶园到茶杯全程追溯后，每一个产品都有专属的"智慧金叶"质量安全追溯标签，实现一个包装追溯标签对应一个批次产品，包装追溯标签成为保证产品质量安全的"二代身份证"，开启农产品质量安全可追溯化的信息大数据时代，构建"源头能控制，过程可追踪，质量有保证，安全可追溯"的全产业链体系。通过"智慧金叶"追溯标签生成产品唯一质量安全可追溯认证码，从种植基地、加工基地、贮藏基地与销售流通等全生命周期可视化监控及权威理化检测＋专家感官品鉴，并出具"数字云茶产品证书"，实现从口感到内质的溯源分析，从品质到功效的科学鉴定，同时追踪产品流通环节，获取产品的销售数据和反馈信息，建立大数据中心，指导企业生产营销，让消费者放心获取和消费安全优质可追溯的产品，以茶叶质量安全促进茶产业繁荣健康、可持续发展。

六、养生普洱

养生普洱是指将传统中医养生理念与现代西方医学体系有效结合研制出的新时代普洱茶产品。通过开展全方位、系统性的普洱茶保健功效的研究，实现精准养生。

古代药典中不乏对普洱茶的记载，认为茶之药不仅可以治疗疾病还可以预防疾病，这与中医中"治未病"的理念相契合。茶的叶、根、子皆可入药，也可作为养生的食品之一。其不局限于某一种具体疗效，而是具有降血脂、降血压、降血糖、减肥、抗氧化、抗疲劳和陶冶身心等全方位、系统性的保健功效。养生普洱，于个人来讲，实现了协调维护内外机能，增强免疫力，提高生命质量，延年益寿，提高生活质量的理想；于社会而言，有利于人民健康和幸福指数的提高，使全社会更加和谐。

第四节　普洱茶产业的未来

如今，普洱茶被越来越多的消费者接受与推崇，这些无不彰显了普洱茶作为商品的市场价值。随着消费市场的理性回归、普洱茶消费人群的多元化，传统普洱茶消费市场越来越关注普洱茶的未来发展，凸显普洱茶产品的特色，深度挖掘普洱茶的市场成为占领市场的重要筹码。未来普洱茶的发展将逐渐走向人文普洱、品牌普洱、智慧普洱。

一、人文普洱

人文普洱以科学普洱为前提，把文化普洱、艺术普洱、科技普洱、健康普洱系统升华，在人文普洱发展形态上，完成普洱茶作为物质产品和精神产品的完美结合。

人文普洱主要表现为在普洱茶生产与消费的一系列社会实践中突出以人为中心，发扬人性与培养人的品格，其间对文化普洱、艺术普洱、科技普洱、健康普洱进行系统升华，使其充满着浪漫主义人文关怀和可提供个性化服务。

具体而言，人文普洱可以根据消费者的个体差异，调配形成不同成分、不同香型、不同包装的普洱茶产品。服务是个性化的，人文关怀也是个性化的，特别注重以人为中心。

在发展形态上，人文普洱是物质产品和精神产品的完美结合。在社会经济生活中，通过民族茶文化优势进行引导，将自然、科学、文化、旅游观光及产品优势整合并转化为市场消费的驱动力。

二、品牌普洱

目前市场上的普洱茶企业非常多，相对应的普洱茶品牌也非常多，产品存在着较大的同质性。普洱茶企业单纯依靠价格战来维持自身的优势是行不通的。为了有效地弥补现有普洱茶企业的不足，要走一条战略化的发展道路，以市场为基准，走出自身的特殊路子，通过产业转型升级来提升普洱茶的品质。普洱茶企业未来，一定要通过提升质量来增加销量。质量提升表现在对茶树栽培、茶叶加工、贮藏管理的各个方面加以改良，从而形成普洱茶的专业化产业链。故此，应以品牌为依托，以品牌战略实施为推行方向，将原本分散的资源逐步地整合起来，不断地提升云南普洱茶的市场知名度，使得不同品牌的普洱茶有各自的特色，从而弥补缺乏自身优势的严重不足。

品牌化将成为普洱茶发展的重要市场走势，企业在未来发展当中需要运用科技这一媒介保证品质，建立起以消费者为中心、市场为导向、企业自身能力为保障，独具风格的普洱茶品牌。普洱茶未来要从重产量到重质量方向进行转变，茶园管理应朝着生态茶园的方向发展，朝着高水平、品牌化营销方向发展，这有利于普洱茶的可持续发展。

（一）品牌普洱特性

1. 安全化

普洱茶安全问题一直备受关注，其质量安全由整个生产加工环节的原料、加工、包装、储运等多种因素共同决定，生产企业茶园管理、鲜叶采摘、加工、运输、贮藏的不规范，都会造成茶叶不卫生和产品质量不合格。普洱茶的发展需要依靠科技力量，保证从"茶叶"到"茶杯"的质量安全，生产、品饮的安全化是品牌普洱应具备的首要特性。

2. 专业化

在科学快速发展的新时代，普洱茶相关研究发展壮大成一门专业的学科，传统的生产、销售方式已经不能满足消费者日益增长的需求，专业化的种植栽培、加工贮藏、经销模式、科学研究可以提升普洱茶核心竞争力，是品牌普洱的必备特性。

3. 特色化

普洱茶的"越陈越香"，多元化的型制、多样的保健功效是普洱茶令人记忆深刻的特点，当下饮茶人群的年轻化、茶饮的快消品化、茶品的特色化是普洱茶产业创新的源动力。

4. 高端化

同一年，西湖龙井产量 493.79 吨，品牌价值 70.76 亿元；普洱茶产量 16.20 万吨，品牌价值 70.35 亿元，对比发现，普洱茶品牌价值与西湖龙井相差无几，而普洱茶产量是西湖龙井的 328 倍多。因此通过科技创新、市场营销等手段提升普洱茶单品价值，是普洱品牌未来发展的必经之路。

5. 理性化

普洱茶发展迅速，然而在过程中出现了许多如"散茶也是普洱茶""纯料肯定优于拼配""普洱茶只要存放就能变好"等错误观点，在品牌普洱构建的过程中，带领企业、消费者走出误区，引导其理性生产消费是品牌普洱健康发展的内在要求。

（二）品牌普洱发展方向

1. 利用大数据"互联网＋"，做好品牌传播

互联网、大数据已在云南省部分企业投入使用，促进了企业管理效率的提升。"互联网＋"是时代发展的新潮流，线上购物业已成为一种重要的生活方式。而茶叶作为一项重要的农产品，在传统产业向电商领域延伸发展过程中是必不可少的。茶企业可以利用互联网数据开展精准营销，探索新渠道以及提升线上购物服务体验。互联网商城不仅是商品销售窗口，还是企业形象的展板，更是企业品牌的传播平台，企业利用好"普洱茶＋互联网"的模式提升品牌价值，推动普洱茶产业的发展，是品牌普洱的重要发展途径之一。

2. 拓展市场范围，提升品牌价值

2021 年普洱茶品牌评估价值达 73.52 亿元，按照"市场主导、企业主体、政府支持"的原则，统筹推进品牌建设，大力实施"公共品牌＋区域品牌＋企业品牌"战略，从而促进普洱茶企业整体经营管理水平的提升，继续保持提升自身实力，可以有效促进企业规模的提升与品牌建设。

普洱茶以国内市场为主，未来应持续打造品牌，推动普洱茶市场国际化，解决在茶叶出口流通过程中出现的茶叶产业缺乏科学合理规划、交通设施不够完善、茶叶产品市场混乱、茶产品质量安全体系不完善等问题，发挥龙头企业的带头作用，促进普洱茶品牌健康持续发展。

3. 挖掘历史文化，讲好品牌故事

普洱茶具有深厚的历史文化背景，经过历史变迁，普洱茶已从云南一隅走向世界。在品饮普洱茶的同时，讲好普洱茶历史、普洱茶文化，可以让消费者对普洱茶有更深入的了解，普洱茶多元化的属性为品牌普洱注入活力，加大挖掘普洱茶的历史文化属性，可以帮助增加普洱茶的品牌附加值。

三、智慧普洱

智慧普洱（图 6-6）指经过科学、系统的研究和开发，使传统普洱茶功效进一步明确、工艺进一步改进、产业进一步升级，形成标准化、数字化、智能化、品牌化、可追溯化的普洱茶研究、开发、生产和营销体系。

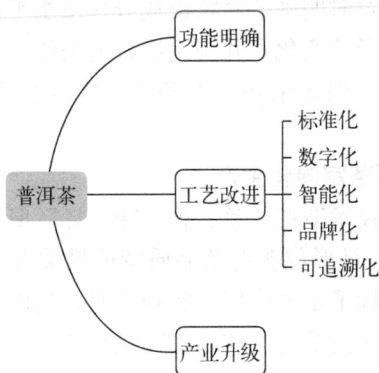

图 6-6　智慧普洱

智慧普洱的主要任务和目的是以农业普洱为产业基础，以文化普洱为内涵积淀，以科学技术发展为动力，加强普洱茶基础研

究、功效开发和工艺改造。

(一)智慧原料

云南大叶种丰富的内含物质是普洱茶的加工基础，内含物质的数字化为生产标准化、产品风味化提供科学数据。管理茶树栽培、合理施药施肥、科学间种管理能提升茶树鲜叶品质与产量；对有效成分进行利用加工，可以有效推动工艺创新。

(二)智慧加工

1. 有效控制发酵加工过程

普洱茶（熟茶）发酵的控制一般依靠经验，但即使很有经验的师傅也难免有判断失误之时。加之，普洱茶受品种、地域、加工等条件的影响，发酵过程不易控制，品质很难稳定，品饮安全性难以保证。因此，有效控制普洱茶（熟茶）发酵，对许多新办茶厂来说是个难题。从普洱茶品质化学的角度来讲，通过合理监测普洱茶生产环境和控制普洱茶特征成分（如茶多酚、茶色素、氨基酸、生物碱、茶多糖等）以及挥发性物质的含量变化，利用近红外光谱技术及时明确茶叶特征成分含量水平以及利用色差仪及时监测茶叶色泽的变化，并与优质普洱茶作对比，可以有效控制发酵加工过程，因此未来普洱茶生产需要依靠科学技术稳定品质。

2. 风味普洱茶定向化生产

优秀的加工技术造就"色、香、味、形"俱佳的普洱茶。众所周知，"渥堆"是形成普洱茶品质特征最关键的一步，在这一工序中微生物发挥了重要作用。实践证明，利用有益的优势微生物菌种发酵生产普洱茶可以获得不同风味的普洱茶。如黑曲霉发酵的普洱茶陈香中透着花果香，其香气物质中如甲氧基苯及其衍生物、萜烯醇类化合物及其衍生物与醛类含量高，其他香气物质含量较少。根霉发酵的普洱茶陈香浓郁，香气物质中萜烯醇类化合物及其衍生物、醛类、酮类含量较高，特别是芳樟醇氧化物的含量较高，而甲氧基苯及其衍生物的含量相对较少。木霉发酵的普洱茶陈香透花木香，香气物质中甲氧基苯及其衍生物和萜烯醇类化合物及其衍生物、醛类含量较高，其他香气物质含量较少。

3. 功能性普洱茶的生产

利用不同优势微生物可发酵生产不同风味的普洱茶，同样也可以利用不同优势微生物或特殊加工工艺生产具有突出功能性的普洱茶。具体是以茶叶为基质，利用优势微生物发酵，使微生物分泌特定的活性成分，或是通过特殊工艺使茶叶产生特定的代谢产物，从而提高活性成分在普洱茶中的含量水平以强化普洱茶功能。如高洛伐他汀含量普洱茶具备优秀的降脂功能，高 y - 氨基丁酸含量普洱茶具有优秀的降压功效等。

4. 普洱茶制品多样化生产

目前，云南普洱茶产业存在着科技含量低、加工技术落后、经济效益低等问题。发展普洱茶深加工技术，开发方便、快捷、保健、营养和安全的即食即饮普洱茶产品是普洱茶产业提质增效的重要途径。普洱茶与其他六大茶类的不同点主要在于化学成分含量及类型，普洱茶中茶多糖、茶色素等含量极高，与绿茶相比简单儿茶素有较大的增幅。这些成分与普洱茶的保健功能密切相关，也赋予了普洱茶特殊的感官品质。因此，通过科学研究生产具有或富含某种功能物质的风味特色普洱茶，将普洱茶特有的成分进一步在食品、医药、化工等领域中加以应用，开发出品种、功能多样的普洱茶食品、养生保健品、美容护肤品、日用化妆品及相关产品，是未来智慧普洱茶的发展方向。

（三）智慧贮藏

控温、控湿、避光、通风、无污染、无异味的科学贮藏环境是保证普洱茶品饮安全、提升普洱茶品质的保障。建立"智慧茶仓"，通过互联网、物联网、大数据等新兴技术，实时检测环境参数，用专业设备、设施来完成环境调节，避免普洱茶品发生霉变、异变，使普洱茶向香、醇、甘、润、滑的方向转化，提升普洱茶价值，促进市场流通。

(四) 智慧品饮

　　普洱茶是健康饮品，但想要通过饮茶获得良好的保健效果，除了需要长期持续地品饮用外，还需要掌握和使用正确、科学的饮茶方式。普洱茶（生茶）、普洱茶（熟茶）、陈年普洱茶（生茶）具有不同的茶性，每个人不同的体质、年龄以及生活环境不同，对普洱茶品的选择也有差异。选择适合自己的具有"顺、活、洁、亮"特征的优质普洱茶，拒绝劣质普洱茶，采用科学的冲泡方法、品鉴方式，不仅能深切感受普洱茶的感官风味，而且有益品饮者身心健康。

第七章 大数据下普洱茶市场预警指标体系的构建与分析

农产品市场预警包含很多方面,其中包括供给、需求以及价格等。普洱茶市场预警也涉及这些内容,供给预警主要涉及产量、库存情况,需求预警则涉及消费、加工、损坏等方面。预警模型是由经济变量组成的,并且这些经济变量相互联系、相互制约。但是有些变量是独立的,不受其他变量的影响,这些变量一般是由市场外因素控制的,因此可以称之为外生变量。还有一些变量不仅受到市场因素的影响,同时还对其他变量产生影响,这些变量则可以称为内生变量。云南发展普洱茶产业受到很多因素的影响,包括市场因素、生产要素、经济环境、政策法规等,这些因素会对普洱茶的生产、销售、供给、进口等产生影响。

本章结合前文相关理论和前人的研究成果,主要从普洱茶的供给和需求两个方面构建市场预警指标体系。此外,由于茶消费的特殊性,一般台地茶、大树茶、古树茶的价格相差非常大,很难建立统一的评判标准。因此本书在生产方面的研究对象是普通大叶种晒青毛茶。

第一节 大数据下的普洱茶市场预警指标体系构建原则

在研究影响普洱茶市场的因素时,应遵循以下四项原则。

一、全面性和代表性原则

普洱茶市场涉及的内容很多，包括普洱茶的生产量、需求量、进出口量、价格等，市场是一个复杂的系统。在确定市场预警体系时需要全面考虑各种因素，这些因素之间相互作用、互相联系。为此一是要充分利用普洱茶的大数据，选择的预警体系指标需要能够充分反映出市场中各方面、各环节以及各因素之间的关系。要从普洱茶的供给以及需求出发，还需要考虑外在因素，这是普洱茶生产、加工、运输、流通和消费各个环节相互影响的体现。二是需要确保预警指标体系全面完整，要剔除一些不具有代表性的指标，对一些含义相似、内容相仿的指标则需要进行阐述，这样可以使构建的指标体系覆盖监测所需的各项指标，从而发挥监测预警的作用。

二、可量化性和可操作性原则

影响普洱茶价格的因素有很多，在分析这些因素时需要采用定量分析和定性分析相结合的方式，首先进行定性分析，在定性分析的基础上开展定量分析。在选择分析指标时需要从实践出发，实践是检验指标是否正确的重要标准。在进行数据分析时要尽可能地收集政府的统计数据，这些数据都是真实有效的，可以避免人为因素的干扰。采用真实的数据才能使结果更具有说服力。但是还有一些指标无法通过数据进行量化，这就需要与专家进行沟通，采用合成指标或者对指标进行处理。

三、重要性和灵敏性原则

在选择指标时需要遵循重要性原则，这些指标需要具有经济意义，能够对普洱茶市场的规律进行集中反映。使用的指标要能够在某一方面对普洱茶市场产生影响，或者直接反映普洱茶市场的某个方面。一些缺乏参考价值的指标则需要剔除，这样才能更好地对普洱茶市场进行预警。

在选择指标时还需要考虑指标的灵敏性，灵敏性原则指的是指标需要具有一定的灵敏度，这些指标能够在市场运行出现变化时及时预警。尤其是一些先行指标，先行指标也是为了实现预警目的的，只有足够敏感才能缩短反应时间。在普洱茶市场出现波动时这些指标会给出一定的提示，从而更好地对市场进行调控。指标灵敏度高能够提升预警的及时性，同时也可以使预警更加超前。

四、现实性和前瞻性原则

选择的指标要能够真实地反映普洱茶市场的价格情况以及市场波动情况，这就需要确保这些指标具有动态性。同时要考虑普洱茶市场各个环节技术手段更新情况，随着市场的完善，要对指标进行调整、充实。科学构建大数据下的云南普洱茶市场预警指标体系，对普洱茶市场波动率进行动态监测，由此实现普洱茶供需精准匹配，促进云南普洱茶市场的健康有序发展。

第二节　大数据下的普洱茶市场预警指标设置

一、警情指标体系

警情指的是经济发展过程中出现的一些不正常的情况，要想判断是否出现警情需要应用一些统计指标，而这些指标必须在经济发展过程中经常使用。普洱茶市场警情指标指的是对普洱茶市场进行描述的一些指标，这些指标客观公正，是预警指标体系的重要组成部分。普洱茶市场的警情主要是供需不对等、价格波动，一种是普洱茶的供给超过需求，另外一种则是普洱茶的需求超过供给。普洱茶市场最基本、最常用，也是最为重要的指标就是普洱茶的生产量、需求量、进出口量等，这几个指标之间具有紧密的联系，相互作用、相互制约，任何一个指标发生显著变化都会对普洱茶市场造成严重的影响。警情指标的度量指标为增值率，经济发展过程中各种经济指标都呈现出增长的趋势，但是增值率却呈现出波动的趋势，绝对量属于静态指标，而增值率则是动态指标，增值率过高或者过低都容易出现问题，所以主要是对增值率的高低变化情况进行分析。这种情况下将普洱茶的生产数量增值率、销售量增值率引入到警情指标中，能够更好地发现普洱茶市场发展中的问题。

二、警源指标体系

警源指标体系包括三种形式，分别为自然警源、外生警源以及内生警源。

自然警源涉及四个方面，分别为地质、海洋、气象以及资源，这些自然因素在出现不正常变化时会导致灾害出现，进而对经济产生影响。比如雪灾、旱灾的出现会影响普洱茶的供应，降低普洱茶的产量，从而导致警情出现，因此这些都属于自然警源。

外生警源是指来源于外界的警源，外生警源通常指的是其他地区的政治经济组织与云南省政治经济方面的关系，如果双方关系发生变化则会对云南相关产业发展产生影响，导致警情出现。

内生警源，顾名思义是指由于内部系统出现问题而出现的警源，具体又可以分为两种形式，分别为生产警源以及分配警源。生产警源指的是生产过程中的原料、劳动力、市场等发生变化，使生产受到影响而出现的警源。比如，生产原料价格上涨，会导致普洱茶的收益减少，就会降低生产量，并对来年普洱茶的生产产生影响，从而存在警情发生的风险。分配警源则是指由于分配关系不完善而出现的各种警源。比如，普洱茶与毛尖茶都属于茶类产品，普洱茶的收益如果比毛尖茶低，这样就会降低一些普洱茶茶农的生产热情，减少产品产量，造成警情出现。

三、警兆指标体系

警兆，国民经济安全和有警情的临界值。通过对经济监测指标的长期历史数据及其变化规律进行定性分析和时间序列分析，确定国民经济发生警情时经济指标的波动范围和分界标准。警兆可分为两类：一类是景气警兆，主要用来表示国民经济的景气或者警情程度；另一类是动向警兆，主要用来表示由警源过渡到警情过程中，非常可能产生的各种外部经济现象。

第三节　大数据下的普洱茶市场预警 指标体系构建

一、指标构建

基于上节分析，结合《云南统计年鉴》《中国统计年鉴》以及云南省农业科学院茶叶研究所提供的数据资源，构建了云南省普洱茶市场预警指标体系，共设置了1个警情指标，4个警源指标，21个警兆指标（表7-1）。

表7-1　普洱茶市场预警指标体系

警情指标	警源指标	警兆指标
普洱茶市场波动率	自然方面	受灾面积变动率
		受灾性天气发生变动率
	供给方面	播种面积变动率
		人工成本变动率
		农用机械总动力变动率

（续）

警情指标	警源指标	警兆指标
普洱茶市场波动率	供给方面	有效灌溉面积变动率
		农药使用量变动率
		化肥使用量变动率
		化肥销价指数变动率
		农药销价指数变动率
		单产变动率
	需求方面	社会消费品零售总额变动率
		国家非农业人口变动率
		全国城镇居民人均可支配收入变动率
		全国城镇居民人均可支配支出变动率
		出口量变动率
	政策与经济环境	农业基本建设投资变动率
		农业科技投入变动率
		财政支农支出比重变动率
		货币供应量变动率
		通货膨胀率

二、指标解释

（一）自然方面的影响因素

灾害性天气

农作物受自然环境的影响较大，灾害性天气如干旱、洪涝、冰冻等自然灾害都会对普洱茶的市场价格产生影响，以至于普洱茶的价格呈现出波动的趋势。

（二）供给方面的影响因素

1. 播种面积

普洱茶的市场供给显然受到播种面积的影响，因此，需把普洱茶播种面积的变动纳入指标体系。由于普洱茶是云南茶产业的主要产品，原则上，云南茶叶种植面积增长，普洱茶种植面积也随之增长。鉴于当前缺乏单独对普洱茶种植面积的统计数据，因此，本节以云南茶叶播种面积增长率来代替云南普洱茶的播种面积增长率。

2. 人工成本

当前，中国的人力成本比以前增加了许多。2010 年以前，采摘工以及茶厂工人的工资每天几十元，而现在基本都上升至每天 100～150 元。以前几十元一斤的茶叶在人工成本增加以后价格也跟着成倍增加，比如以前十几元一个的下关沱茶现在新茶的价格基本都翻番了。人们通常说日益上涨的人工成本是制造业之痛，而日益上涨的人工成本同样也影响普洱茶行业。

3. 使用农用机械

茶叶生产机械化包括茶园作业机械化和茶叶加工机械化。

使用农用机械既可以减少人力成本支出，又可以提高生产效率，还可以提高茶叶的品质。云南省委、省政府也大力支持各主要茶产区加快推进茶叶机械化，把茶叶机械化、清洁化、有机化作为茶叶提质增效的主要出发点和立足点。鉴于无法获取普洱茶机械化情况的具体数据，本书将云南农用机械总动力增长率作为对普洱茶机械化投入的衡量指标。

4. 使用农药、化肥

当前，在茶叶种植中，古树茶通常主要使用有机肥、农家肥，而一般的台地茶仍然使用化肥。早期茶园普遍使用农家肥，相应增加了农药的使用量，这样做对人体健康不利。为了提高产量，农户在种植的过程中大量使用氮肥，使用氮肥虽然有利于芽的生长，但是也导致螨类、叶部真菌病害、茶云纹叶枯病大量出现。有些农户在种植时盲目地使用农药，包括各种有机磷农药、有机氯农药等，导致一些害虫的抗药性增强，天敌数量减少。此外，茶叶种植过程中靶标不够明确，缺乏正确的认识，农药使用不合理，这样会导致病虫害无法得到控制。云南省茶叶发展了二十多年，这二十多年中使用了很多农药，并且浓度在逐渐提升，这样固然在一定程度遏制了害虫，但是也导致了害虫天敌的死亡。可以说农药是一把双刃剑，虽然起到了灭害保收的效果，但是也消灭了害虫的天敌，导致害虫数量增加，危害加剧。因此，本书选用云南农药使用量增长率、云南化肥使用量增长率、云南化肥销价指数和云南农药销价指数作为普洱茶农药、化肥使用的衡量指标。

5. 有效灌溉面积

茶园灌溉是有效提高茶叶产量、改善茶叶品质的生产措施之一，关键在于选择合适的灌溉方式和时期。用于茶园灌溉的水质应符合灌溉用水的基本要求。灌溉可以改善土壤条件和茶园小气候，达到增加产量、提高品质的目的。对茶树而言，"有收无收"在于水，旱季的"收多收少"也取决于水。实践证明，灌溉是茶叶大幅度增产的一项重要措施。

6. 单产

普洱茶的产量越大，则供给量就越大，若需求没有增加，则会导致普洱茶的市场销售价格下降，因此，普洱茶产量的变化对其市场价格产生重大影响。故我们选取云南茶叶的单产增长率作为普洱茶供给预警的衡量指标。

（三）需求方面的影响因素

1. 社会消费品零售总额

社会消费品零售总额指的是企业销售给个人、集团的一些实物商品总额，这些商品不应用在生产及经营活动中，包括提供餐饮服务获得的收入总额。社会消费品零售总额还包括实物商品通过互联网获得的销售总额。网络零售额指的是利用网络交易平台（自建平台以及第三方平台）实现的商品及服务零售额总和。

2. 国家非农业人口

非农业人口是购买普洱茶的主力军，考虑到普洱茶出口较少，大量供给全国各地，因此引入非农业人口增长率指标时，使用的是国家非农业人口变动数据而非云南省非农业人口变动数据。

3. 全国城镇居民人均可支配收入和支出

普洱茶主要以加工品方式销售，其购买者主要是城镇居民，且普洱茶非生活必需品，只有当人们的生活水平达到一定的程度时，对它的消费量才会大幅度增加。因此，城镇居民收入水平的高低，以及城镇居民收入中用于消费的支出情况直接影响普洱茶的销售量和销售价格。此外，由于普洱茶的消费群体为全国所有居民，因此，选取全国城镇居民人均可支配收入和支出增长率作为普洱茶销售市场预警的指标。

4. 出口量

普洱茶为云南特有，没有进口量，因此，不考虑进口因素。世界经济一体化进程加快，为了抢占市场，各类产品均致力于开拓海外市场，普洱茶也不例外。普洱茶出口的增加将会促进普洱茶产业的发展，带动与茶叶相关的一系列产业的发展，促进人们增收。云南茶叶出口量非常少，近年来处于相对平稳的阶段。

（四）政策与经济环境方面的影响因素

1. 农业基本建设投资

农业基本建设投资指的是农业农村部在农业建设方面投入的资金，具体包括以下几方面：中央预算内基本建设资金、中央预算内专项（国债）资金、地方人民政府和建设单位配套的项目建设资金。

2. 农业科技投入

农业科技投入属于生产性投入，指的是为了支持科技活动的开展而投入的资金。结合联合国教科文组织的定义，立足于我国的实际情况，科技活动包括以下几个方面：一是基础性研究、应用性研究以及与科技成果转化相关的工业试验、小规模试验等；二是为基础性研究和应用性研究服务的活动，诸如相关作业标准、计量统计方法、设备性能等的制定。其中，农业科技创新与农业产业化事业发展的重要基础保障就是农业科技投入。基于当前对农业科技投入的统计不完全，因此以云南总体科学研究和技术服务业的投入来替代农业科技投入。

3. 财政支农支出

财政支农是国家经济发展过程中对"三农"的支持，也是国家惠及"三农"，加快农村经济发展的重要手段。财政支农是国家与农民分配关系的重要组成部分，财政支农的表现形式为优惠政策以及制度建设。财政支农支出主要应用在两个方面：第一是国家扶持的项目，包括对农业单位、事业单位投入的建设费用、事业费用以及科技费用；第二是支持农村生产活动开展，包括小型农田水利和水土保持补助费、支援农村生产组织资金、农村农技推广和植保补助费、农村草场和畜禽保护补助费、农村造林和林木保护补助费、农村水产养殖补助费等。可以说财政支农支出指的是财政支出中直接用于农村生产活动以及与生产活动联系紧密的各项支出。主要包括各类部门事业费的支出，如农业农村生产支出、农林气象水利支出等；以及欠发达地区支援支出、农业基本建设支出、农业研究经费、社会福利救济费等。

4. 货币供应量

货币供应量指的是一个国家在发展过程中的某一个时间点上为社会经济发展提供的货币总量，货币供应量由两部分组成，分别为存货货币以及现金货币。中央银行发行的货币流动性比较强，这些货币随时可以以流通手段或者支付手段进入流通活动，从而对市场的供求变化产生影响。商业银行的活期存货可以在任意时间支取，通过签发支票的方式进入流动环节，也具有很强的流动性，这些资金也会对市场供求关系产生影响。而有的资产，比如说定期存款、储蓄存款等，也是购买力的重要组成部分，但是这些资产需要转变为现金或者活期存款才能进入市场，因此这些资金的流动性相对来说比较差，对市场的影响力也不如现金以及活期存款。中央银行会根据宏观要求，根据流动性的大小将货币供应分为不同的层次，首先是流动中的现金，这部分主要指的是单位以及个人手中持有的现金，其中单位的范围比较大，指的是除银行以外的企业、机关、学校等；其次为狭义货币供应量，就是在流动现金的基础上加上活期存货；最后为广义上的货币供应量，是在狭义货币供应量的基础上加上定期存款、储蓄存款以及客户保证金。

5. 通货膨胀

通货膨胀指的是货币流通背景下货币的供应量超过货币的需求量，购买力超过产出供给，货币贬值，短期内引发的物价上涨的现象。通货膨胀的实质是社会需求超过社会供给，社会供给无法满足社会需求，纸币、信用货币的发行量过大都会导致通货膨胀出现。通货膨胀的类型很多，具体而言可以分为三种形式。第一种为低通货膨胀，物价上涨的速度比较慢，并且可以进行预测，一般而言将通货膨胀率为一位数的通货膨胀称为低通货膨胀。这种情况下物价比较稳定，消费者对货币仍然持信任的态度。第二种为急剧通货膨胀，通货膨胀率比较高，达到20%，甚至是100%，这种通货膨胀类型会对经济产生严重的损害。第三种为恶性通货膨胀，货币没有固定的价值，物价时刻处于波动状态，导致经济崩溃。通货膨胀率也可以称作物价变化率，在计算通货膨胀率时需要考虑两个方面的内容，分别为货币超发量以及实际需求量，通货膨胀率是两者的比值，反映的是货币贬值的程度。经济学上通货膨胀率指的是物价上涨幅度，为了更好地解释这一概念，以气球来类比，将气球的体积视作物价水平，通货膨胀率指的是气球的膨胀程度，也可以理解为货币购买力的下降程度。实际生活中不能直接计算通货膨胀率，而是采用间接的方式，通过价格指数的增长情况进行反映。消费者的购买价格是商品经过流通后形成的最终价格，全面地反映了商品流通对货币的需求。这就使得消费者的价格指数能够全面、充分地反映通货膨胀率。当前世界各国采用消费者价格指数即CPI反映通货膨胀程度。

消费者物价指数也可以称为居民消费价格指数，消费者物价指数反映的是居民家庭在购买消费品以及服务项目时价格的变动情况。它是在一定时间内衡量消费商品以及服务项目价格随时间变化的相对数，反映的是居民购买消费商品以及服务价格水平的变动。居民消费价格在进行统计调查时调查的是产品以及服务的最终价格，最终价格与居民的生活具有紧密的关系，在国家经济价格体系中也发挥着重要的作用，居民消费价格是进行经济分析、核算国民经济的重要指标，消费价格的变动率反映了通货膨胀的基本情况。一般情况下如果物价持续上涨则被认定为出现了通货膨胀。

三、警兆指标的确定

经济波动有很多形式，包括复苏、扩张、收缩以及萧条，这些是多个经济变量在经济过程中演化形成的。在分析宏观经济的景气情况时以经济周期波动理论为基础，经济波动具有自身的特点，包括规律性以及周期性，可以将经济指标分为同步、先行以及滞后三类。同步指标也可以称为一致指标，指标的峰值以及低谷与经济总体运行情况相符，可以反映总体经济的发展情况，通过同步指标可以对总体经济运行的峰值以及低谷时间进行预测，从而了解经济发展的态势。经济同步指标有很多，常用的指标包括农业产值、国内生产总值以及社会消费品零售总额。先行指标也可称为领先指标，指标达到峰值以及低谷的时间在经济活动峰值、低谷出现之前，利用先行指标可以对总体经济发展情况进行预测。分析先行指标可以预测经济扩张、高峰、收缩以及低谷，广义货币、股票指数、新增贷款等都是先行指标的重要组成部分。滞后指标也被称为落后指标，出现峰值以及低谷的时间落后于总体经济活动，通过滞后指标可以在事后判断总体经济运行情况或者判断上个周期是否已经结束。通过对滞后指标进行逆转可以获得领先指标，财政收入、人均可支配收入、利息率等都是常用的滞后指标。

不同学者在确定经济时间序列时采用的方法不同，不同的方法具有不同的特点，学者在研究时常用的方法有时差相关分析法、K－I信息量法、回归分析法、峰谷对应法等。时差相关分析法在数据序列长度方面的要求比较低，但是对数据分析的准确性要求比较高，因此这种方法应用比较广泛。结合研究的具体情况以及数据序列短的特点，将时差相关分析法作为确定警兆指标的方法。

（一）时差相关分析法

时差相关分析法在应用时通过相关系数来验证时间序列指标关系，是判断指标先行、滞后以及一致关系常用的方法。时差相关分析法在应用时要选择一个敏感的指标，真实快速地反映研究对象的变化情况。研究中将普洱茶的市场价格波动变化情况作为基准指标，其他影响普洱茶市场价格的指标增长率作为被分析指标，利用相关数据计算基准指标与被分析指标之间的系数，从而有效地确定警兆指标的具体性质。

（二）指标先行、同步、滞后性质确定

警兆指标性质的划分标准是基准循环指标，利用基准循环指标判断警兆指标的具体性质。本研究主要是对普洱茶市场的波动情况进行预警，基准循环指标选择的是普洱茶市场价格波动情况。先行指标顾名思义指的是指标变化情况领先于普洱茶市场价格变化；同步指标则是指这类指标与普洱茶的市场价格变化情况在时间上是一致的；滞后指标可以用来检验普洱茶市场价格变化。判断警兆指标性质的步骤如下。首先，利用数据计算出警兆指标与市场价格增长率之间最大时差相关系数的绝对值，即两者之前的时差相关系数，并求出系数的最大绝对值。其次，结合绝对值判断警兆指标的具体性质。具体判断标准为如果最大绝对值出现在基准指标同期则为同步指标，如果最大绝对值在基准指标之前获得则为先行指标，如果最大绝对值在基准指标之后获得则为滞后指标。在上文研究中构建了普洱茶市场预警的指标体系，但是在实际工作中，这些指标的可获得性以及操作性比较差，为

此需要对指标体系进行相应的优化。普洱茶的种类比较多，开展研究工作时无法对所有的普洱茶市场进行预警，研究选择勐海沱茶为切入点，对勐海沱茶市场预警进行研究，构建普洱茶市场预警指标体系（表 7-2）。

表 7-2　勐海沱茶市场预警指标体系

警情指标	警兆指标	警源指标
勐海沱茶市场波动率 X	(1) 受灾面积变动率 $X1$	自然方面
	(2) 受灾性天气发生变动率 $X2$	
	(3) 播种面积变动率 $X3$	供给方面
	(4) 人工成本变动率 $X4$	
	(5) 农用机械总动力变动率 $X5$	
	(6) 有效灌溉面积变动率 $X6$	
	(7) 农药使用量变动率 $X7$	
	(8) 化肥使用量变动率 $X8$	
	(9) 化肥销价指数变动率 $X9$	
	(10) 农药销价指数 $X10$	
	(11) 单产变动率 $X11$	
	(12) 社会消费品零售总额变动率 $X12$	需求方面
	(13) 国家非农业人口变动率 $X13$	
	(14) 全国城镇居民人均可支配收入变动率 $X14$	
	(15) 全国城镇居民人均可支配支出变动率 $X15$	
	(16) 出口量变动率 $X16$	
	(17) 农业基本建设投资变动率 $X17$	政策与经济环境方面
	(18) 农业科技投入变动率 $X18$	
	(19) 财政支农支出比重变动率 $X19$	
	(20) 货币供应量变动率 $X20$	
	(21) 通货膨胀率 $X21$	

第八章 云南普洱茶市场预警机制创新与对策建议

第一节 主要研究结论

本书对云南普洱茶产业发展现状进行了研究。

研究对象如下：云南的自然地理和气候条件；云南省的经济人口状况，包括云南省 GDP 概况、云南省三大产业及其结构、云南省农业 GDP 及其结构、云南省人民生活基本情况；云南茶叶产业发展的基本情况，包括云南茶叶生产情况、云南茶产品种类及对外贸易状况、云南茶产业的比较优势。此外，还探讨了云南茶产业发展中存在的问题和茶产业发展策略。由此明确了警情，也就是普洱茶的市场价格波动情况。

研究后，发现化肥价格、农药价格、茶树苗价格、茶叶价格、相关茶产品价格、茶叶种植量、气候等自然因素、技术风险与茶叶农户收益风险呈现出一定的相关关系。

茶叶市场风险主要受到茶叶价格波动风险和茶农、茶企业收益不确定性风险的影响，具有一定规律。一方面，从茶叶市场价格波动来看，茶叶市场价格受气候、消费者偏好、相关茶产品价格（即替代品价格）等因素的影响，同时，茶叶种植技术又通过影响茶叶质量和产量，间接影响茶叶的市场价格。另一方面，从茶农的收益来看，化肥价格、农药价格、茶树苗价格、茶叶产量、茶叶品质和茶叶价格又对农户收益产生影响，尤其是茶叶价格，它是农户收益风险的主要影响因素。此外，茶叶市场风险对小规模农户的种植收益影响较大，尤其在市场风险较大、持续时间较长的情况下，小规模农户抵抗市场风险能力较弱。

此外，还得出这样的结论：茶农市场风险预判和规避能力整体偏弱，且受到诸多因素的影响。

一方面，茶农市场预判能力整体偏弱，德宏州茶农的市场预判能力高于西双版纳州、普洱市和临沧市。通常，有着丰富的种植经历、较长的茶叶种植年限、多样化的信息渠道，参加过各种机构组织的技能培训的茶农有着更高的市场预判能力；同时，签订了购销合同、认为同行之间具有竞争关系和茶叶容易销售的茶农，其市场预判能力反而更弱。另一方面，农户市场风险规避能力整体偏弱。大量茶农对自己的家庭收益满意度低；农户获取信息的渠道较少；大量茶叶种植农户是小规模生产者；多数农户把茶叶价格作为制定生产决策的首要依据。通过这些内容可以显著了解到，云南茶农的市场风险规避能力整体较弱。

普洱茶市场预警指标体系含有自然、供给、需求、政策与经济环境 4 个方面共 21 个指标。此外，还对各个选取的指标进行了详细的解释。通过分析各个指标了解到，一是自然方面，当前云南茶园受灾年份较多，病虫害威胁较大。二是供给方面，茶叶播种面积逐年增加，但增幅不大；人工成本逐年增加；农用机械总动力逐年增加，且增幅较大；化肥、农药施用量和地膜使用量在 2018 年开始出现拐点，开始下降；灌溉面积总体呈现出上升趋势；零售茶产量年增长速度较快。三是需求方面，国家非农业人口逐年稳步增长，云南城镇化率低于全国水平；全国城镇居民人均可支配支出增速慢于全国城镇居民人均可支配收入增速；云南茶出口量和出口额均不高；社会消费品零售总额的增长率有所下降。四是政策与经济环境方面，农、林、牧、渔业的农业基本建设投资额逐年上升；农业科技投入额逐年增长；财政支农的有效投入依然不足且支农资金使用效率有待提高。

构建普洱茶市场预警指标体系，并以勐海沱茶市场价格预警为例，确定了 7 个先行指标、5 个同步指标、9 个滞后指标。

预警指标体系主要包括警情指标、警源指标和警兆指标 3

种。选取普洱茶市场波动率作为市场风险的警情指标，其变化在一定程度上能反映普洱茶的市场供求关系变化。影响普洱茶市场价格波动的警源主要有供给与需求以及生产成本、自然灾害、国内外宏观环境等因素。警兆指标和警情指标间存在不同的时滞关系。利用时差相关分析法确定受灾性天气发生变动率、化肥销价指数变动率、农药销价指数变动率、播种面积变动率、农用机械总动力变动率、有效灌溉面积变动率和国家非农业人口变动率7个先行指标。受灾面积变动率、人工成本变动率、单产变动率、社会消费品零售总额变动率和全国城镇居民人均可支配支出变动率5个同步指标。货币供应量变动率、通货膨胀率、农药使用量变动率、化肥使用量变动率、全国城镇居民人均可支配收入变动率、出口量变动率、农业基本建设投资变动率、财政支农支出比重变动率、农业科技投入变动率共9个滞后指标。由此组成了勐海沱茶市场预警指标体系。同时，通过时差相关分析法还得到了各项先行指标和滞后指标的先导长度。

第二节　云南普洱茶市场预警机制

当前云南普洱茶种植农户的风险认知和风险规避能力较弱，且当前的预测预警系统不完善，因此有必要创新普洱茶市场预警机制，以便更好地服务茶产业各利益相关方。

一、整体思路

普洱茶市场预警指的是采用先进的模型，收集大量的数据，利用数据分析对普洱茶产业链中的各个环节进行监测，包括生产环节、加工环节、消费环节等。不仅如此，还可利用数据对市场的发展趋势进行预测，发布相关的信息，为决策部门以及市场活动的参与人员提供必要的参考。在构建市场预警系统时从价格方面入手，对成本、供求、市场流通等方面进行分析。

二、预警指标体系选取

价格能够准确反映市场风险，如果价格出现显著的波动，则表明市场存在不稳定的情况，为更好地应对市场风险，需要对普洱茶的价格进行监测预警。普洱茶价格受产业链各个环节的影响，生产成本影响加工价格；供需关系则会对农产品市场的均衡产生影响。市场失衡会导致普洱茶的价格发生异常波动，增加流动过程中的成本，本书从具体情况出发，全面细致地考虑了预警指标，但受经费限制和数据采集限制，将选取的预警指标分为了四大类，即自然方面、供给方面、需求方面、政策与经济环境方面和若干具体指标。但这些指标还存在不足，应根据信息、数据的完善情况进一步加入加工、物流、销售等方面的指标。

第三节　云南普洱茶市场预警的对策建议

云南茶产业，尤其是普洱茶产业在全国茶叶市场占据重要地位，建立健全并创新云南普洱茶市场预警机制，减少普洱茶市场异常波动带来的不利影响，显得更加迫切而又必要。

一、强化国家政策支持

开展普洱茶市场预警研究工作的目的是更好地规避风险，在最大程度上保护生产者以及消费者的利益，实现利益最大化。

（一）建立健全普洱茶目标价格保险制度

我国在农业发展的过程中不断对农产品价格管理机制进行改革，农产品价格管理机制不断完善。普洱茶也是农产品，普洱茶的价格具有多元性、复杂性以及阶段性的特点，市场价格波动变化会对茶农的生产积极性产生影响，因此政府需要对从事生产的茶农给予保护，避免茶农受到价格周期变化带来的伤害。当前，云南已经启动了玉米、生猪、烤烟等方面的保险，保护农产品生产经营者的积极性，减少灾害、市场价格等因素给生产者带来的损失，但当前的保险主要是灾害保险，诸如火灾、洪灾、内涝、雹灾、风灾、冻灾、旱灾等。鉴于普洱茶的原料，品种多、价格相差很大，在启动普洱茶目标价格保险制度时候应该多层次考虑，注意分类保险的实施，尤其是根据台地茶、大树茶、古树茶、有机茶等不同类型制定更加精准的保障制度，建议政府部门与保险公司共同研究制定"联办共保"的普洱茶目标价格保险制度。

（二）建立和完善普洱茶市场预警体系

我国农产品市场预警工作开始得比较晚，现在处于发展的起步阶段，现阶段主要采用分段监管的模式。不同的系统拥有不同的数据，甚至同一系统不同部门也拥有不同的数据，这些数据是为了开展不同工作而获得的，因此会存在一定的差异。云南省在发展普洱茶产业时需要立足自身的实际情况，从各个管理部门的情况出发，建立市场预警体系。部门之间需要协同合作。首先，部门之间的信息需要共享，这样可以确保数据一致。其次，云南省需要成立价格预测预警工作小组，由生产部门、加工部门以及管理部门共同参与，对普洱茶生产、加工、流通各个环节进行监测，密切关注普洱茶的价格变化情况。再次，要成立专门的信息发布机构，在发布信息前需要对信息进行分析，形成报告。最后，要形成紧急预警机制，在出现突发事件时采取有效处理手段，避免损失出现。

（三）建设和强化普洱茶市场预警团队

国外的农业产业预警建设取得了一定的成绩，整个体系相对来说比较成熟。尤其是欧美发达国家，不但有农业部门的预警，同时还有一些比较知名的咨询公司对不同品种的农产品进行预警，这些从业人员的学历水平比较高，具有丰富的理论知识，包括统计学知识、经济学知识等，这就为预警工作的开展提供了人才支持。云南省在发展普洱茶产业时虽然也建立了分析师队伍，但是这些分析师的业务水平有待提升，需要增强分析师的整体能力，在这个基础上建立专业化的预警团队。在进行分析时不同的分析师分析不同的农产品，构建预警模型系统，采用定性与定量分析相结合的方式，增加研究结果的说服力。

二、促进普洱茶产业发展

建立普洱茶市场预警体系具有重要的作用，能够及时发现普洱茶产业发展中的问题，促进产业发展，这也是预警体系建立的目的。

（一）优化升级普洱茶产业结构

普洱茶产业要实现结构的优化升级，就要将一些小作坊集中起来，形成联合经营；要加快龙头企业建设，合理开展营销活动，扩大产业规模和影响力，这样可以使产业平稳升级；要规范中小企业，在行业内部形成相应的发展制度；要采用先进的技术和管理手段，包括农业生产技术、专业化生产技术以及营销手段等，实现整个产业的升级。

（二）形成普洱茶规模化生产

普洱茶产业要实现规模化生产，规模化生产可以降低成本、增加收益。要想实现规模化生产可以从以下几个方面入手。其一采用土地承包的方式，扩大种植面积，引进先进的机械设备。其二种植大户起示范带头作用，带领其他种植户共同发展，将自身的运作方式以及生产技术推广出去，在普洱茶生产流通的各个环节实现合作，这样可以实现一致化、标准化的目的，获得更多的收益。其三开展生产活动时可以采用合作社的形式，合作社成员可以共同生产、集体销售，实现产销一体化。从育种、种植、生产、销售等各个环节入手，发挥一体化经营的优势，增加盈利。

(三) 培养和引进高素质科技人才

农业产业化发展需要人才的支持，普洱茶产业需要培养高素质人才，为产业发展提供人才支持。从实用性、职业性出发建立人才培养培训课程体系，满足整个产业链的人才需求。云南拥有较好的茶树资源，有产茶县100多个、茶企1万多家，700多万人靠茶为生，但茶行业的人才素质高低不一，整体技能偏弱，不同程度制约着云茶的发展。茶叶加工从业者是推动茶产业、茶经济、茶文化发展的重要力量，在茶叶加工以及产出方面需要培养高素质的人才，也需要传授种植人员茶工技艺以及茶叶文化，让普洱茶成为具有文化特色的产品。还要发挥政府的作用，政府需要做好人员培训合作，拿出专项资金用以培训人才，提升从业人员的能力。不仅如此，还需要积极引进国外的人才，学习国外先进的种茶技术，取长补短，提升茶叶经营者的收入。

(四) 推进普洱茶深加工

充分利用现代科技成果，在加工时对设备进行更新，这样可以为普洱茶加工创造条件，降低加工成本，提升普洱茶的品质，增强普洱茶的市场竞争力。以现代高科技技术以及先进的加工设备为依托，延长普洱茶产业链，优化普洱茶产业结构，促进普洱茶产业发展。

(五) 推进建设普洱茶品牌化

普洱茶产业要做好品牌化建设，扩大自身影响力。品牌化建设可以从以下几个方面入手。首先，在营销方面，要采用多种方式开展推广活动。随着时代的发展，互联网的应用越来越广泛，可以利用互联网开展线上购物活动，也可以开展线下活动进行推广。其次，要对假冒产品进行打击，销售时可以张贴二维码，消费者可以利用二维码判断普洱茶是否为正品。市场监督部门也需要对市场中的普洱茶进行抽查，及时处理假冒产品。最后，在售后服务方面，要建立完善的售后服务体系，为客户提供优质的服务，提升客户满意度，为普洱茶规模化销售奠定一个良好的基础。

（六）建设和完善普洱茶流通体系

云南省在发展普洱茶产业时要完善流通体系，减少流通环节，这样可以有效地降低普洱茶的成本。为优化流通体系可以从以下几个方面入手。一是完善基础设施建设，并安排机构进行统一管理。二是搭建普洱茶产销信息平台，进一步密切小农户与茶叶合作社、茶叶企业之间的联系。三是提供必要的信息服务，包括生产信息、销售信息，提供这些信息可以使生产者更好地进行决策，让生产经营者知道"什么时候采摘、什么时候生产，消费者的偏好是什么，买什么生产资料最实惠"等信息，以便更好地生产。

第九章 大数据背景下普洱市茶城产业的创新发展

　　茶城是供茶产品及其衍生产品集中进行交易，以及进行茶文化展示的一个综合空间。茶城让特色茶文化有了展示的窗口，让更多茶业从业者有了经营的空间，它的产生和发展，不仅加快了茶产品及其衍生产品的流通交易，更是对特色茶文化的弘扬，对特色茶品牌的打造、特色茶产业的发展也起到了重要的推动作用。普洱市拥有得天独厚的茶文化资源，如何通过茶城这样一个集合文化、产品等要素的空间来弘扬当地特色茶文化、擦亮"普洱茶"金字招牌、实现"让全国人民都喝上普洱茶"的目标，值得人们思考。

　　普洱市是"世界茶源"，享誉海内外的普洱茶是普洱市的一张名片。基于以物易物的"茶马互市"以及当时的销售网络发展起来的茶城，是在云南省委省政府以及普洱市委市政府产业发展政策引导，以及茶叶种植产量、质量提升与消费市场变化的大背景下，为适应与促进市场化和产品流通，在茶叶交易市场的基础上发展起来的现代综合商业体。自2001年首家具有茶城功能的中国普洱茶叶交易市场在普洱市思茅区出现后，茶城经历了一个从无到有、从少到多、从茶叶专业化交易市场向茶文化展示体验空间转型、从政府推动建设到通过招商引资引入企业运营管理的过程。

　　随着云南省第十一次党代会关于"做特'绿色食品牌'"以及普洱市第五次党代会关于"突出茶产业第一支柱产业地位"等工作要求的提出，茶城成为普洱市发展茶产业，推进名企名牌培育、目标市场开拓、茶旅融合发展的重要载体。

🌿第一节　普洱市茶产业发展概述

近年来，普洱市在"千亿云茶产业"的战略指引下，开展普洱茶产业的标准化、有机化、数字化以及品牌化建设，将大产业、新主体、新平台作为产业发展的基本思路，着力培育普洱茶金字招牌，开辟出一条独具特色的普洱茶产业发展之路。

自 2010 年开始，普洱市愈发注重茶文化资源的保护与开发，重点推动景迈山古茶林申遗工作，力争将包含景迈山古茶园、古村落，和布朗族、傣族传承下来的语言、风俗、节庆等民族文化传统在内的景迈山古茶林文化景观最真实地呈现给世界，在保护古茶林资源的同时，澜沧县已建设完成 3.17 万亩的生态茶园。当前，普洱市依据"小众走高端，大众走有机"的茶产业发展思路，通过普洱茶品质区块链追溯体系的建设构建茶产业全产业链，力争把普洱茶打造成为"千亿云茶产业"。

普洱市有老乌山、马邓、打笋山、茶山菁、千家寨等八款绿色有机产品。镇沅县打造了"生态＋旅游＋健康＋普洱茶"的茶产业链，推动"千家寨"品牌影响力不断扩大。景东县按照"精品走山头，大众走有机"的思路，走茶叶有机化道路。普洱茶产业的有机化发展提高了普洱茶的市场价格，高于普通茶叶价格 5 倍以上的有机茶让茶农一年拥有七八万元的收入，极大地提高了农户的收入水平。在"无量山普洱茶"公共区域品牌的推动下，景东县积极整合普洱茶品牌，结合有机茶园的生态优势，探索提供茶园休闲观光等旅游服务，极大地延长了茶产业链条，为擦亮普洱茶金字招牌贡献出重要力量。

一、普洱贡茶制作技艺传承茶文化根脉

为了更好地保护与传承普洱贡茶的传统制作技艺，普洱市实施了一系列保护措施。首先，保护和重用国家级非物质文化遗产

传承人，李兴昌作为普洱茶制作技艺的传承人之一，始终以工匠精神为引导，坚持以传统工艺制作，为的就是将世代流传下来的传统制茶技艺完整地保存和传承下去。其次，普洱市秉承"非遗见人见物见生活"的理念，推动开展非遗传承进校园主题实践活动以及文旅融合中非遗技艺展示等活动，让年轻一代观摩学习传统的普洱贡茶制作过程，同时依托困鹿山、磨黑古镇等景区景点，使游客能够亲身体验普洱贡茶制作的整个流程，强化普通民众对非遗文化的保护意识。最后，普洱市通过直播带货、会展等多渠道，将普洱贡茶制作技艺直接搬到大荧幕上，普洱贡茶技艺传承人的现场展示，不仅进一步扩大了普洱茶的品牌影响，更宣传了普洱贡茶制作技艺，扩大了普洱茶的销售范围，使得非遗文化在科技助力下焕发新的生机。

二、推动普洱茶产业绿色发展，持续扩大有机茶园规模

随着大众消费需求日益多元化，产品品质逐渐成为消费者消费时的主要关注点。面对庞大的普洱茶大众消费市场，只有不断提升茶园绿色生产能力，持续扩大有机茶园的规模，才能不断推动普洱茶产业健康绿色发展。一直以来，普洱市通过清理不合绿色要求的茶园、改进种植方式、推广绿色防控技术等方式，大力推动普洱茶茶园有机化绿色生产。在现有绿色生态茶园的基础上，普洱市将依照茶园的地形地貌特点，大力推广使用有机肥、农家肥等生态肥料进行普洱茶种植，并不断加强对农户的绿色种植技术培训，构建茶园绿色复合生态系统，并不断推动茶园进行有机转换认证。

三、加大科技创新力度，推进普洱茶产业数字化转型升级

互联网、大数据等技术推动了众多产业的变革式发展，普洱

茶产业也必将在数字化背景下面向未来，蓬勃发展。普洱市未来将在普洱茶产业有机化建设的基础上，制定完善的金融扶持政策，在普洱茶新技术和新产品的研发中加大资金扶持力度，使普洱茶产业的数字化发展拥有坚实的物质基础。

第二节　普洱市茶城发展概述

一、历史溯源

　　南诏时期大理政权施行"茶马互市"，在如今的普洱市、西双版纳州一带形成了最早的交易市场，让茶与马的"以物易物"有了相对固定的场地。"茶马互市"的兴旺发达极大地激发了当地群众种茶积极性，一时间，茶叶种植面积扩大，普洱茶交易日渐增多。到乾隆年间，普洱茶得到清朝皇室高度认可，再加上当时清朝廷对磨黑盐井的开采，各地商贾南来北往、云集普洱，以普洱茶交易市场为核心，形成了最早的普洱茶文化集聚区。与此同时，马帮进京，普洱茶贸易蓬勃发展，诸如那柯里等茶马驿站应运而生，以茶为主题的各类文化交流日益频繁，餐饮业、旅店业随之发展，普洱成为以普洱茶交易为主的早期商业中心，在当时有着"金腾冲，银思茅（普洱市原名）"的美誉。清朝时期一年一度的"花茶市"，更是让南北商人因茶在普洱结缘，"花茶市"期间的普洱市，天天都是街市，日日都在赶集，因商旅众多，还出现了夜市，出现了最早的夜市经济。市场兴旺带来的美誉度，促使茶商纷纷成立集种植、加工、销售于一体的茶庄、商号，形成最初的产业集聚区，并通过当时的物流——马帮，将各自茶庄、商号的产品通过普洱至昆明的"官马大道"、普洱至澜沧的"旱季茶马大道"、普洱至越南的"茶马大道"以及普洱至景洪打洛的"茶马大道"销往海内外，并且大受欢迎，形成了最初的品牌效应，为日后普洱茶产业的发展打下了坚实基础。

　　在 20 世纪 50 年代"恢复老茶园，开展新茶园"、20 世纪 60

年代"大搞茶园建设"的号召下，普洱市可提供的产品品种由最初的饼茶、砖茶逐渐增加到青茶、红茶、沱茶、特质普洱茶等40余个品种，而随着与国内国外的不断贸易，在普洱市也逐渐出现以普洱茶交易为主的集商住、仓储、办公于一体的现代茶叶交易市场，在此基础上，形成了集房地产开发、茶旅融合、电子商务等于一体的茶城。

普洱茶城发展大体经历了三个阶段。

（一）萌芽起步阶段（2001—2006 年）

2001 年，普洱市毛茶原料价格和普洱茶产业都还相对低迷。2001 年 4 月 8 日至 11 日；在当时的思茅地区（现普洱市）举办了第五届中国普洱茶叶节，与这届茶叶节同时举办的还有第二届昆明国际旅游节、中国昆明首届全国春茶交易会普洱分会，以及第三届中国普洱茶国际学术研讨会。为承载众多活动，当时的思茅地区引导企业建设了中国普洱茶叶交易市场，吸引了泰国、缅甸、老挝、韩国、美国、加拿大、荷兰以及国内各省市包括港澳台地区的中外宾客 11 000 多人。当时新建的中国普洱茶叶交易市场与世纪广场共有 102 户企业参展，实现茶叶交易额 1.96 亿元，商品总交易额 2.26 亿元，通过签订协议招商引资 2.19 亿元。中国普洱茶叶交易市场成为普洱市最早的对外弘扬普洱茶文化、宣传普洱茶品牌的文化阵地。走访中国普洱茶叶交易市场，里面的老商户都表示很多老客户都是在第五届中国普洱茶叶节时候结交的。

中国普洱茶叶交易市场并不是为承载节庆文化活动而出现的特例。2005 年，普洱哈尼族彝族自治县（今宁洱哈尼族彝族自治县）为庆祝自治县成立 20 周年，建立了宁洱茶源广场，建设内容包括七子饼广场、贡茶回归纪念碑、普洱府城图等内容，依托这些文化元素，广场周边打造了商铺区，很多当地茶室、茶馆选择在此经营，营造了浓厚的茶文化氛围，成为当地人及外来游客在宁洱体验茶文化的一个重要区域。

通过政府组织的大型节庆活动，逐渐引导过去分散式、"沿街叫卖"式的茶叶商户向交易市场集中、靠拢，从而在产地市场孕育出了普洱最初的茶城雏形。这期间，普洱市茶城尚处于萌芽状态，不仅市场内基础设施条件有限，配套的服务也不够完善，仅是进行茶叶产品销售的场所。

（二）快速发展阶段（2007—2017 年）

2002 年以后，普洱茶叶价格开始暴涨，越来越多的企业、个体经营户以及个人参与到普洱茶叶交易当中。中国普洱茶叶交易市场给这类群体提供了展示及销售产品、获取信息的场地，得到了广泛认可，在市场内交易的茶叶产品以及商户规模迅速增加。这个时期，除了中国普洱茶叶交易市场外，2007 年 4 月，位于思茅区的普洱茶源广场（该广场已于 2020 年 7 月拆除）建成投入使用，当时入驻茶商达到 157 户，常驻市场收购茶叶的省外茶商超过 400 人，一时间风头无二。其后，为配合思茅区"中心城区"建设解决失地农民的生活问题，思茅区思茅镇平原村（现思茅区思茅镇平原社区）筹资建设茶马古镇，该项目于 2008 年开工，当时设计建设内容包括茶马古道博物馆、茶马文化广场、普洱第一茶楼、思茅区首家五星级酒店等项目，A 区建筑面积 89 000 平方米，B 区建筑面积 70 000 平方米。投入使用后包括澜沧古茶、水之灵、凤凰窝等普洱市较为知名的茶企都在其间开有品鉴店或连锁店。在走访中，笔者通过与茶马古镇商户交流访问了解到，因茶马古镇内物业多属于个人，在其内经营的商户大多是通过向个人租赁的方式获得经营权，因此茶马古镇内现有的商户分布相对散乱，茶室、餐馆、百货商店、民宿、茶叶产品包装设计店等相互穿插，不够规范。此外，项目设计的普洱第一茶楼没有充分发挥作用，茶马古道博物馆也没有建成。茶马古镇更多发挥的是类似"商场"的作用，即向商户出租物业，在弘扬茶文化方面基本没有建树，但相较最早的中国普洱茶叶交易市场以及已经拆除的普洱茶源广场，这个时期出现的茶马古镇，其内的经营主体已经开始向多元化方向发展，经营的内容也较之前的交易市场更加多样化，普洱打造茶旅融合的综合体也是在这个时候开始的。在这一时期，主要用于开展原料销售的普洱鼎益茶城也开始建设并投入使用，普洱国际茶城、普洱茶马古城商业街和茶马古道旅游景区也在思茅区北部区开工建设。至此，普洱市主要的带有茶城属性的集聚区体系雏形大体形成。

（三）开拓提升阶段（2018年至今）

这一时期，特色小镇、网络直播等概念开始流行，用现代化运营模式来建设运营茶城的理念开始被引入新落成的普洱国际茶城以及普洱茶马古城的经营管理中，通过科学的现代化管理运营，令入驻商户最大限度共享集聚发展的红利。2018年，普洱国际茶城交付使用、开始招商，普洱适度茶产业有限公司与普洱城投置业有限公司合作，成立普洱适度商业管理有限公司，对普洱国际茶城进行统一管理，推动茶文化的管理从无序向有序转变。普洱茶马古城包含的茶马古道旅游景区于2018年正式对外营业，同年另一重点项目普洱茶马古城商业街正式开街。为吸引更多游客、扩大宣传，2018年9月22日至10月7日，普洱茶马古城开发商与普洱日报社合作举办了普洱首届中秋国庆梦幻灯光节，利用当时刚开始流行的图文、视频现场直播形式对普洱茶马古城进行宣传推广，点击量达到538 359次。2020年12月，普洱市人民政府办公室印发《普洱市促进夜间经济发展实施方案》，普洱茶马古城被列为思茅区重点打造的夜间经济地标，具有茶香特色的民族歌舞表演每日都会在商业街上演，相关茶室、茶客栈相继开业，每到周末，普洱茶马古城人潮攒动，成为外地游客到普洱必去的旅游景点之一，被评为省级旅游休闲街区。

二、发展特点

目前，普洱市具有茶城属性的综合空间主要集中在思茅区，包括中国普洱茶叶交易市场、普洱国际茶城、鼎益茶城、茶马古镇、茶马古城，其余 9 县具有茶城属性的综合空间则主要是依托当地文化活动广场周边的商业街区、引导相关商户入驻开设茶馆形成的茶文化集聚区。这些具有茶城属性的综合空间主要具有以下三个作用：一是有效降低了入驻茶商的运营成本，帮助集聚区内商户相互合作，产生"整体大于局部"的协同效应，形成了一个相对集中的对外展示普洱茶产品以及普洱茶文化的窗口。二是为整体实力不是很强的小微商户、个体商户提供了一个庞大的、可以共享的销售网络，使得这些商户可跨过较低的入市门槛获得较前沿的信息以及较为完备的服务。三是提供了足够空间，为发展"茶叶＋"产业提供了空间上的便利，普洱市内具有茶城属性的综合空间因占地面积、所处地理位置等，也是所在地的一个地标性建筑，可以同时聚合茶、文化、旅游等多种元素，让通过节庆文化活动等方式统一对外宣传城市形象和普洱茶文化成为可能。可以说，茶城的存在，既让茶叶交易有了相对固定、规范的场所，形成了相对专业的产地市场，也有利于帮助入驻茶商提高竞争力，更有利于带动普洱市茶产业发展、对外统一宣传普洱市"天赐普洱 世界茶源"的城市形象。

近几年，普洱市茶城的发展经历了从以单纯茶叶产品销售市场到集展示、销售、休闲体验、文化弘扬等于一体的商业综合体的转变，主要呈现小、全、新的特点。

（一）"小"即规模小，茶城"小店经营"模式明显

从走访的商户的情况来看，入驻这些茶城的商户基本为小微企业和个体经营户，经营连锁门店的商户很少，除个别已经在市场上具有一定名气的茶企外，入驻商户的门店面积基本都不大，维持在 60～80 平方米，超过 100 平方米的并不多。再者，入驻商户的工作人员相对较少，家庭式经营的痕迹明显，中国普洱茶叶交易市场、普洱国际茶城、鼎益茶城以及茶马古镇、茶马古城内大部分成品茶销售商户都没有聘用长期固定员工，基本都是老

板一人守店。春茶、秋茶上市的季节，普洱国际茶城、鼎益茶城主营茶叶原料的商户会在收发大宗货品时候雇用临时员工。茶马古城则出于凝聚人气的需要，长期与商业街周边的民族民间健身操团队合作，用提供锻炼场地以及每月1 500～2 000元补贴的方式开展合作，吸引本地消费者和外来游客。在茶马古城，雇用员工超过3人的商户主要是餐饮企业和民宿。此外，除少数已经具有一定知名度的企业外，茶城内的成品茶零售商户特别是个体经营户的交易额都不太高，每月交易额基本都在15万元以下。

（二）"全"即品类全，茶城内茶产品种类及其衍生产品较为丰富

从走访调研过程来看，各茶城内入驻商户展示的产品品类都较为齐全，除专营店外，茶城内的零售、批发商家都能提供绿茶、红茶、普洱茶、白茶、乌龙茶等茶叶产品，茶叶的包装规格也比较齐全，只要客户有需求，无论是饼、砖、沱，还是其他各种形状的定制产品，基本上都能提供。另外，茶马古镇和茶马古城还能提供除茶叶品饮、购买之外的其他体验、休闲服务，比如茶马古镇的民族民间特色美食，茶马古城的茶乡民族民间歌舞展演、茶文化主题民宿体验等。

（三）"新"即茶城运营管理融入了现代商业综合体的新思路、新方法、新技术

特别是疫情发生以来，以直播带货为主的电子商务已经深入市场经营以及群众生活的方方面面，线上交易已经成为当下运营推广的一大趋势。作为经济不算发达的边疆地区，普洱市茶城的大部分商家在受访时均明确表示对直播带货等现代新营销途径做过了解，知道直播带货对提升销量会有帮助。大部分商户都尝试过在淘宝、天猫、京东、拼多多等平台上注册账户进行销售、推广，一些商户还通过抖音尝试直播带货。2021年"双十二"期间，普洱澜沧古茶、普洱新华国茶、普洱祖祥高山茶园以及云南

龙生茶业等普洱龙头茶企业纷纷通过网络直播进行销售，仅普洱新华国茶有限公司一家，就在 2021 年 10—12 月进行了 40 场直播，收获了 5 000 多个订单。大部分茶城内商户都参加过政府举办的各类线上活动，诸如茶马古镇、茶马古城内的茶城驿站、木兰庭院等茶文化主题民宿在去哪儿旅行、携程旅行都可预订。在新媒体运用上诸如普洱澜沧古茶、普洱新华国茶以及水之灵等规模较大的茶企也较为超前，都有自己的微信公众号对茶叶产品进行宣传，对企业形象进行策划。普洱市最大且最专业的普洱国际茶城还专门为茶城内商户安排了抖音电商直播区域。作为普洱市目前运营情况较好的茶旅融合综合体的茶马古城，除拥有一定的电商以及网络传媒人才储备外，还与当地媒体合作定期不定期组织开展系列直播活动，引导商户结合一定的时间节点利用现代传媒技术和电商开展相关的营销推广。在数字经济风行的当今社会，普洱市内的茶城也正在借这股东风，线上线下相结合，为消费者提供更好的体验，迎来新的蝶变。

🍃 第三节　普洱市茶城发展个案

从走访情况来看，普洱市的茶城功能主要还是为商户提供茶产品及其衍生产品销售场所，茶城内主要集中的是各家茶企、茶叶合作社的展示门店，零星包含少量茶器销售店、茶产品包装设计店、快递物流点等。除由传统茶叶交易市场发展而来的茶城外，普洱市也在尝试突破创新，打造了以茶旅融合为主题的茶城。因目前普洱市茶城主要集中在思茅区，本文选择了思茅区内较有代表性的普洱国际茶城和茶马古城作为个案进行分析。

一、普洱茶专业化市场：普洱国际茶城

普洱国际茶城位于思茅区普洱大剧院西南侧，是目前普洱市规模最大的专业茶叶交易市场。茶城内现有商户 800 多户，散茶

交易摊位 309 个，入驻率达到百分之百，主要经营普洱九县一区一年四季各类茶叶品种。同时，国际茶城还提供临时茶叶交易摆放点，在春茶、秋茶集中上市时期临时交易摆放点摊位经常供不应求。作为国际茶城管理方，普洱适度商业管理有限公司主要对外提供商铺及摊位出租服务，租约商铺三年一签、摊位一年一签，商铺为厂房型建筑，兼具门店展示以及仓储的功能，平均租金为每平方米每个月 30 元，承租一个摊位 3 年租金费用大概在15 000 元。

（一）市场集聚：普洱市规模最大的专业交易市场

普洱国际茶城主要进行茶叶批发和零售，以原材料批发为主。租赁普洱国际茶城商铺进行经营的商户多是从其他市场搬迁过来的，其中占比最高的是已于 2020 年 7 月拆除的原普洱茶源广场的商户，占比达到 80% 左右。这些商户经营茶叶生意时间较长，通常都有自己的原料基地，或者已经与相关山头茶农建立较为稳固的合作关系，原料来源优质可靠，产品门类齐全，销售价格从几十元到几千元不等，客户和销售渠道也较为固定，在市场上具有较强的生存能力，对品牌打造、集中对外统一宣传有一定的诉求，但更多的是抱着维护好自有客户即可的心态进行经营。散茶交易区的商户，多为个体经营户，这类商户大多没有自有大面积种植基地，主要是通过走村入户的方式到茶山收购茶叶，然后找人或者在自己的茶叶初制加工所进行加工再拿到市场进行销售，多以原材料批发为主，茶叶销售价格在几十元到上百元不等，走"薄利多销"的路子。除了线下销售外，很多散茶交易区摊主还通过微信开展线上销售，对直播带货销售的方式也表现出明显兴趣，但这类摊主普遍受教育程度不太高，虽有强烈的电商诉求，但直播带货的销售量并不理想。此外，散茶交易区和传统农贸市场差别不大，场内人声鼎沸，茶叶的包装也相对简陋，品质较商铺内的销售产品也有一定差距，销售环境不太理想，体验感不强。

在带动就业方面，普洱国际茶城内商户门店雇用人员都不多，很多都是老板亲自上阵守店。而普通员工的工资基本采用"底薪＋提成"的方式进行支付，底薪一般在 1 500 元左右，另外根据员工销售出去的茶叶价值支付 10％～30％的提成款。

（二）推广运营：以节庆带发展，普洱茶（生茶）领头位置突出

在对外交流推广方面，普洱国际茶城主要通过为普洱市各类特色节庆活动提供场地的方式来进行宣传推广。比如作为第十三届中国云南普洱茶国际博览交易会"普洱茶斗茶大赛"的比赛场地，又比如借助为第二届普洱国际精品咖啡博览会提供场地的机会，展示普洱茶文化。此外，普洱国际茶城与思茅区高速公路北部出入口距离较近，且处于入城公路沿线，建筑形象吸睛效果强，加之海底捞入驻普洱国际茶城周边商业综合体，在一定程度上提升了关注度。

从普洱国际茶城内的交易产品来看，茶叶门类比较丰富，中国六大茶叶品类在国际茶城都能购买到。在实际交易中，普洱茶（生茶）的交易量最高。以景迈、无量、哀牢等山头为代表的普洱茶（生茶），凭借着丰富的口感层次以及"越陈越香"的收藏属性和较高的外界认知度，在市场上较受欢迎。其次是绿茶和红茶，这两类茶较多由省外商户经营，因物美价廉的属性，甘肃一带市场对其认可度较高。来自甘肃的茶商为便于收购，在茶城内租赁商铺主营绿茶和红茶，茶城内做得最好的甘肃茶商在茶城内一次性租赁了 8 间商铺，出货量最高时一年可发货近千吨。白茶由于具有鲜甜适口以及自然转化的产品特征，近年来在广东一带受到追捧，白茶主要由广东一带的茶商进行收购，但茶城内商户白茶制作经验不足，白茶销售主要集中在少数几家商户。基于"原产地全产业链　做世界的茶生意"的经营理念、主营散茶交易的特点，普洱国际茶城内展示的多为传统的饼茶、砖茶、沱茶等茶叶产品，近年来随着消费者消费习惯的改变，诸如塔茶、薄

片茶、手撕茶饼、"小青柑"、果茶等产品也相继出现，以满足不同消费者的喜好。

（三）管理服务：从"物管"向"策划引导"转变

在管理中，除了租金之外，普洱国际茶城管理方不向商户收取其他任何管理费用。管理方主要负责维护日常交易秩序，防止发生消防及盗抢事件。茶城公共区域的保洁主要承包给专业保洁公司，日常有保安人员在出入口疏导交通，巡查公共区域并对消防、漏雨等隐患进行排查。

除提供集中交易的场所外，管理方还通过设置入驻门槛来规范提升普洱国际茶城的形象，要求入驻商户有相关营业执照、证件，产品要有标识。正在打造的精品茶馆区入驻条件还包括在普洱茶界有一定知名度及有完整的产品生产线、稳定销售点等，散茶交易区的入驻则基本没有门槛。为进一步规范经营、突出国际茶城功能属性，管理方与国家普洱茶产品质量检验检测中心合作，引入检测机构，未来将主要对精品茶馆区产品进行检测。此外，管理方也引进了少量的服务机构，目前茶城内共有3家物流服务点，主要为茶城内商户提供样品寄送与快递收取服务，各家商户主要通过长期合作的物流企业完成大宗的茶叶产品发货。针对散茶交易区摊主希望开展直播带货的诉求，管理方在散茶交易区设置了20个免费直播摊位，但目前管理方还不具备提供电商培训的条件，正在研究下一步通过与政府相关职能部门合作的方式，引入相关培训，帮助场内商户开展线上营销推广。

二、茶旅融合综合体项目：茶马古城

茶马古城位于思茅区北部区东北侧，属市行政中心区域，是普洱市首个茶旅融合的商业综合体，该项目总占地约370亩，总建筑面积约26万平方米，商业面积约7万平方米，入驻商户400多户，茶企占比50%左右，平均租金每平方米每个月40元，是一个集茶马古道旅游景区、旅游商业街、特色餐饮街、茶主题客栈区、夜间经济区于一体的商业综合体。这里主要有普洱茶文化产品、茶马古道文化展示、马帮文化展示、餐饮、小吃、酒吧、小粒咖啡文化产品、文创产品、工艺品、土特产、少数民族茶文化展示、夜间演艺等多类别的产业与文化产品。

（一）以茶旅融合为核心，打造要素齐备的商业综合体

与普洱国际茶城以茶叶交易市场为核心的商业综合体不同，茶马古城主要以茶马古道旅游景区为引爆点，打造茶旅融合的商业综合体。茶马古道旅游景区包括"六大客户体验区"：一是水映茶马区，是游客中心所在区域；二是缆车观光区，以良好的绿化景观和水景观为依托，首创高空茶园观赏项目；三是古道溯源区，展现茶马古道与普洱茶文化在不同时期的历史进程，是项目的灵魂所在；四是马帮寻迹区，真实还原马帮打尖住店场景和茶马互市繁华景象，让游客重走茶马古道；五是古树问茶区，在这里可以体验采茶、制茶、品茶的乐趣，是景区最大的商业中心；六是野美湿地区，包括马帮驿道和湿地景观。景区年接待国内外散客和团体访客约110万人次，在国内知名度较高，是外来游客到普洱旅游的必到打卡点。

通过引进云南龙生茶业、大益普洱等知名茶企入驻，打造出了普洱唯一具有有机商标品质的茶叶零售街区及特色知名普洱茶街区，再加上能够同时容纳2 000人用餐的餐饮区，以及14家不同风格的茶文化主题客栈，茶马古城实现了商业区与景区的无缝衔接、联动经营，形成了汇聚"食、住、行、游、购、娱"六大旅游要素的产业链闭环。

茶马古城商业区内的茶叶商户以零售普洱、西双版纳的名山名茶产品为主，价格在一百多到几千元，畅销产品多为一百多到几百元的低、中等价位茶叶产品，除了茶叶产品外，部分商户还兼营石斛、蜂蜜等土特产品，产品销售额也较为可观。此外，餐饮、住宿等消费的贡献也较大。茶马古城内的饼茶、沱茶等传统

茶叶产品更多是作为一种旅游产品销售给来自全国各地的游客，单笔交易销量不大，但是基于上百万人次的游客基数，成交的单数比较多，商家多通过与消费者互加微信的方式来做"回头生意"。除了传统茶叶产品外，茶马古城内还引进了诸如霸王茶姬、下一站奶茶等茶叶快消连锁店，这类企业以销售奶茶、果茶类产品为主，每份产品单价不高，在十几元到 30 多元，中午主要以外卖方式销售给茶马古城周边的住户，晚间以堂食为主，销售给外来游客和本地到夜市休闲的游客。因被列为思茅区重点打造的夜间经济地标，茶马古城已经完成一期 200 个摊位的建设，经营范围涵盖特色小吃、时令水果等，为众多自由择业者提供了自主创业的良好平台，多方共享茶旅融合带来的红利。

（二）综合运用现代营销方式，云上云下满足体验式消费需求

在弘扬普洱茶文化方面，茶马古城打造了占地 5 416.7 平方米的非物质文化遗产传承街，除了展示普洱茶文化外，还设置有体验区，让本地及外来游客更为直观地感受普洱茶文化的精髓，为营造浓厚的茶文化氛围提供了载体。

此外，茶马古城还通过线上公众号、抖音、小红书、微博、旅游达人等，线下户外大屏、广告位等全方位推广宣传，在政府引导支持下，策划并举办了"梦幻灯光节""中国情歌汇""最普洱""普洱马拉松""茶马古城电音趴""醉美古城摄影大赛""穿唐越宋"等系列大型活动，通过特色活动打造节庆 IP，聚集更多人气，让更多人走进普洱，感受普洱茶文化。

（三）倡导诚信经营、规范管理

在运营管理上，除提供常规服务外，茶马古城主要通过引导商家诚信经营、守法经营、全天候运营，来规范市场秩序，营造良好发展氛围。为确保游客购物无忧，茶马古城设置了 30 天内无理由退货点，通过"游云南 App"和"游云南"小程序，即可进行在线退货、电话退货、语音退货及退货服务点现场退货。

目前，茶马古城被列为"云南省级步行街示范点""省级旅游休闲街区""夜间经济示范区""健康一条街""诚信经营示范街区""特色餐饮美食街区"等。

如今，茶马古城已经成为基础设施及服务较为完善的商业综合体，在凝聚人气、弘扬普洱茶文化、推动普洱茶产品外销、提供就业创业机会、推动地方经济社会发展方面都取得了喜人成绩。但这一切都离不开前期的大量投入，开发运营商对类似这样的茶城就显得尤为重要，除了需要有雄厚的资金实力外，还需要有专业的运营团队。

🍃 第四节　普洱市茶城发展趋势

进入新时代，茶叶产品形态、交易、流通，以及消费者的需求都将迎来新的变化。以传统茶叶品饮为核心，围绕茶旅融合多角度开展的"精致化"体验式消费以及以袋泡茶、小罐茶、奶茶、果茶等为主打的"快消化"品饮消费将成为未来茶文化消费的主流。单一茶叶交易市场逐步向商业综合体融合，线上线下集中发力，将成为未来茶文化产品交易和流通的主要途径。特别是随着中老铁路的全线通车、人口规模效应的形成，普洱作为其中一个重要的站点，运输能力、对外联系能力显著增强，旅游产业也迎来了重要的发展契机。作为"天赐普洱 世界茶源"，"普洱茶＋旅游"也将成为普洱吸引外来游客的重要内容。而茶城，作为可以展示普洱茶产品、普洱茶文化的重要载体，也将顺应这种趋势发展。

一、功能转型：从茶叶专业化交易市场向茶文化展示体验空间转型

从未来"精致化"消费发展趋势来看，单一提供茶叶销售场地已不能满足消费者需求。未来，茶城的消费主体将从"70后"

"80后""90后"逐渐向新生代的"95后""00后"转变，他们的价值观以及兴趣爱好都将影响茶城的发展。比如，新生代人群对新奇、快消、高质量茶叶产品的需求，决定了未来茶城将充分发挥茶城的集聚和扩散效应，吸引更多文创企业入驻，在茶文化茶品的设计研发以及包装设计方面下更多功夫以吸引更多新生代消费者关注。同时，茶城也将不再是只提供普通零售批发的交易场所，而会加入更多商业元素、多种茶文化休闲娱乐体验项目，形成集"吃喝玩乐"于一体的综合商业场所，以消费者体验为驱动，向多元化、个性化以及方便快捷的方向转变。

二、数字化转型：线上线下相结合

"内容＋兴趣"的电商消费新模式，正在加速改变新生代消费者的购买习惯。但茶叶是一个需要线下直观体验的情感消费。直播带货的神话屡屡上演，大数据、云科技在高速发展，未来的茶城将乘势而上，通过打造便捷、流畅、吸睛的线上展示销售渠道，直观、周到、特色的线下展示、体验门店，线上线下协作配合，变身为直播带货"演播间"，智慧蝶变。与此同时，区块链防伪技术的投入使用，茶城内商户集聚的优势将更加有利于小微商户抱团发展，共同组建诚信联盟，与政府权威部门合作推广产品追溯相关服务，推进诚信茶城建设，从而带动整个产业诚信发展。

三、服务升级：产品和服务多元化发展

内容为王的时代还未走远，服务为王的时代悄然到来。茶城区位优势明显，但过去发挥更多的是"物业管理"的作用。随着新生代消费群体的到来，茶城需要适度调整业态和服务，除了传统茶节展示外，还可引入类似茶吧、书吧等年轻、时尚的休闲体验业态，策划组织特色茶饮调制比赛、茶叶文创产品设计大赛等

新生代消费群体喜闻乐见的系列活动，打造 IP，吸引眼球。

　　此外，在夜经济成为衡量一个城市消费水平重要指标的今天，茶城也不应再拘泥于过去传统的运营模式，而是把"茶＋旅"作为激活"白＋黑"全天候消费的重头戏。白天，完成茶叶展示、交易的传统经营，晚上，引入体验式、娱乐式、互动式、沉浸式的茶艺体验项目，让时尚与传统在茶城里完美碰撞，塑造独特的茶生活品质。

四、业态拓展：从单一业态向多元业态转型发展

　　随着全域旅游的大力推行，茶旅融合将成为茶叶主产地今后极为重要的发展方向。它将推动茶产业更好地发展，提升品牌知名度和城市综合实力。茶城特别是大型茶城今后的业态将不限于过去单纯的茶叶批发、零售，在全域旅游的大背景下，茶城更加成为一个茶文化的集中展示地，融入茶文化体验景区、景点，茶叶产品及其衍生产品创意设计空间也将得到拓展，让茶产业全产业链在茶城形成闭环。

参考文献

陈东燕，2018. 普洱茶的药理和保健作用概况性研究 [J]. 现代养生（12）：170-171.

褚海燕，2009. 云南省普洱茶产区品牌竞争力分析 [D]. 昆明：云南财经大学.

贺宝山，2008. 我国普洱茶市场现状分析及策略研究 [D]. 重庆：西南大学.

黄晓旭，2022. 注重产业融合激发普洱茶发展新动能 [J]. 云南农业，（5）：42-44.

李玘，2021. 云南普洱茶产业与旅游业融合发展研究 [D]. 昆明：西南民族大学.

李瑞智，2021. 互联网背景下茶叶营销策略研究——以普洱茶为例 [J]. 福建茶叶，43（5）：22-23.

卢明德，2008. 云南普洱茶包装设计研究 [D]. 昆明：昆明理工大学.

梅长运，南占东，农国富，等，2013. 云南普洱茶精深加工产业化发展研究 [J]. 中国科技产业，（9）：72-75.

彭功明，2019. 云南普洱茶加工技术的发展和演变 [J]. 现代食品，（23）：80-82.

普洱茶品质区块链追溯平台，2022. [J]. 云南科技管理，35（4）：86.

孙雪梅，邓秀娟，周红杰，等，2019. 普洱茶仓储影响因子与品质变化研究进展 [J]. 茶叶通讯，46（2）：135-140.

陶萍，宋燚，张晴晖，等，2020. 云南普洱茶种古茶树资源表型性状数据分析研究 [J]. 西部林业科学，49（6）：144-151+157.

翁群芬，2016. 云南普洱茶的市场营销策略探析 [J]. 福建茶叶，38（4）：

45-46.

邢倩倩，李思佳，周红杰，等，2015. 浅析专业仓储在普洱茶产业中的地位和作用 [J]. 保鲜与加工，15 (4)：77-80.

许宏杰，2021. 云南普洱茶产业技术路径选择研究 [D]. 昆明：昆明理工大学.

许腾升，刘洋，李亚莉，等，2021. 不同仓储地区普洱茶品质差异研究 [J]. 保鲜与加工，16 (4)：89-93＋98.

杨春芳，付伟，2018. 大数据时代普洱茶的营销策略分析 [J]. 现代营销（经营版），(9)：108.

杨晓玲，周珲，2010. 云南普洱茶绿色营销 [J]. 中国商贸，(10)：23-24.

张黔生，2019. 普洱茶质量安全可追溯行为管控研究 [D]. 昆明：昆明理工大学.

张焱，冯璐，李勃，2020. 云南普洱茶市场预警机制的建构与创新 [J]. 中国市场，(26)：49-50.

张焱，黎梦秋，黎彩凤，2020. 云南普洱茶市场价格预警指标体系的设计与测度 [J]. 科技和产业，20 (09)：117-121.

张瑜，2020. 云南普洱茶品牌认知对消费者购买行为的影响研究 [D]. 昆明：昆明理工大学.

周燕，2010. 普洱茶营销中存在的问题及对策 [D]. 昆明：云南大学.